大师思想集萃

〔英〕维特根斯坦 著

LUDWIG JOSEF WITTGENSTEIN

〔加〕孔欣伟 ◎ 编译

维特根斯坦说 逻辑与语言

华中科技大学出版社
http://www.hustp.com
中国·武汉

图书在版编目（CIP）数据

维特根斯坦说逻辑与语言/（英）维特根斯坦著；（加）孔欣伟编译．—武汉：华中科技大学出版社，2017.11（2025.6 重印）

（大师思想集萃．第二辑）

ISBN 978-7-5680-3335-0

Ⅰ．①维… Ⅱ．①维… ②孔… Ⅲ．①维特根斯坦（Wittgenstein,Ludwig 1889-1951）-语言哲学-研究 Ⅳ．① B561.59

中国版本图书馆CIP数据核字（2017）第212618号

维特根斯坦说逻辑与语言　　　　　［英］维特根斯坦　著　　［加］孔欣伟　编译
Weitegensitan Shuo Luoji yu Yuyan

策划编辑：	闫丽娜
责任编辑：	闫丽娜
封面设计：	金　刚
责任校对：	李　弋
责任监印：	朱　玢
出版发行：	华中科技大学出版社（中国·武汉）　　电话：（027）81321913
	武汉市东湖新技术开发区华工科技园　　邮编：430223
印　　刷：	武汉科源印刷设计有限公司
开　　本：	880mm×1230mm　1/32
印　　张：	11
字　　数：	244千字
版　　次：	2025年6月第1版第13次印刷
定　　价：	35.00元

本书若有印装质量问题，请向出版社营销中心调换
全国免费服务热线：400-6679-118　　竭诚为您服务
版权所有　侵权必究

出版者的话

"大师思想集萃"系列丛书已收入维特根斯坦、叔本华、弗洛伊德、荣格、阿德勒、康德、罗素、洛克、尼采、培根等思想大师的智慧结晶,力图向读者展示大师们的思想精华,引领读者深刻理解人的本质、感悟人生真谛、关注现实生活、丰富自己的人生。

本丛书已出版的主题作品,主要涉及思想大师们对人的本质和人生的深入思考和论述的内容,分为二十卷,包括:

《维特根斯坦说逻辑与语言》　《叔本华说欲望与幸福》
《弗洛伊德说梦境与意识》　《荣格说潜意识与生存》
《阿德勒说自我超越》　《康德说道德与人性》
《罗素说理想与历程》　《洛克说自由与人权》
《尼采说天才与灵魂》　《培根说百味人生》
《马斯洛说完美人格》　《弗洛姆说爱与自由》
《黑格尔说否定与自由》　《波普尔说真理与谬误》
《福柯说权力与话语》　《海德格尔说存在与思》
《卢梭说平等与民权》　《萨特说人的自由》
《鲍姆嘉通说美学》　《休谟说情感与认知》

为了适应读者的阅读需求，我们在编译的过程中，本着深入浅出、风格恬淡、常识与经典兼顾、推理与想象并用的原则，在保留大师经典思想原貌的基础上，依照从理论到实践的总体逻辑关系，对各大师的思想体系进行了梳理，并添加了部分标题。这样做，并非想完整而准确地概括大师们的学术思想体系，目的仅仅在于方便读者理解，并与当下生存现实进行结合，自省、自励、自进。

本丛书编辑及出版事宜由本社"大师思想集萃"编辑组负责。出版此套丛书并非意味着本社赞同这些大师的所有思想和理论的立场、观点和方法。我们建议读者阅读时，不必对各位大师的理论观点，句句视为经典、全盘吸收。我们乐意看到读者对此丛书进行批判性阅读，比较性借鉴，深思后践行。

感谢广大读者的惠购、赏读！

"大师思想集萃"编辑组
2017年7月

序言

不在时间里的沉思

每个时代都有自己的热点,即使是应该专注于沉思永恒之事的哲学家,也难免会被各自时代的热点和流行文化所吸引,把精力花费在一些会随着时间而磨灭的想法上。我们现在的时代更加如此,互联网的出现让信息的流动更加迅速,智能手机和社交网络的普及使人们能随时随地地接触到时代的热点和流行文化。于是,我们的思想更加难以沉淀下来,就好像身处于一个嘈杂的大型购物中心,根本无法静思冥想。

一味地追随时代,无法产生伟大的思想。即使努力站立在时代大潮的峰尖浪头,下一个大浪也随时会把你打翻。维特根斯坦在《文化与价值》里说过一句话:"如果一个人只是领先于时代,某一天他总会被时代追上。"[①] 时间之矢永不停息,不仅会追赶你,而且会超越你,终将把你留下的所有痕迹全部磨灭,不留一丝一毫。所以,任何在时间里的思考都是无法不朽的。维特根斯坦的《逻辑哲学论》里有一段令人印象深刻的话:"如果不把永恒理解为无限的时间延续,而是无时间性,那么活在此刻的,也就永远活着。"我们只有在时间之外思考,

---

① 维特根斯坦.文化与价值[M].黄正东,唐少杰,译.北京:清华大学出版社,1987.

才能得到永恒。但是我们自身就在时间之中，我们的思考使用的语言也不过是符号的时间序列，我们如何可能在时间之外思考呢？

维特根斯坦用自己的一生给出了答案，"在无法言说之处，人必须沉默"，但是不可说之物虽然是不可言说的，它却可以显现自身。《逻辑哲学论》里有这么几句话，"在永恒的形式下沉思这个世界，就是把它当作一个有界限的整体来沉思。把世界作为一个有限整体的感觉是神秘的"。在世界之外，才能把世界作为一个整体来沉思。这里的世界"是事实的全体总和，而不是事物的全体总和"。其中当然也包括时间，因此在世界之外也就是在时间之外，这就是不在时间里的沉思。

在《一篇关于伦理学的演讲》中，维特根斯坦也提到过他亲身经历的另一个神秘体验，就是绝对的安全感，"无论发生什么事情都不会伤害我"，这似乎是不符合逻辑的，但这也正是它的神秘之处。这种神秘的体验无论如何是无法被说出的，只能在沉思中、在生活中显现自身。哲学是基于语言的思辨，而语言有它的边界。维特根斯坦最大的贡献就是清晰地指出了边界的存在，而且断言绝对的价值和人生的意义都在语言的边界之外。维特根斯坦认为在语言边界之内的，全部属于科学，而在边界之外的，则属于艺术、宗教和生活。其间并没有哲学的位置，所以他认为自己终结了哲学。

写作这本书的目的，就是通过精选出的维特根斯坦的观点，让读者体验到维特根斯坦不在时间里的沉思，认识到哲学思辨的局限。希望读者能通过阅读此书，在自己心里种下不在时间里沉思的种子，可以在未来的某个时刻更进一步，体验到不可言说之物自身的显示。

但从另一方面来说,任何人的思想,即使是维特根斯坦的思想,都不过是一粒种子,一粒启发读者进行思考的种子。不在时间里的沉思是无法在时间中被写成文字,也无法在时间中被阅读的。阅读只能得到一粒种子,我们还需要通过自己的生活来浇灌这粒种子,才能得到自己的不在时间里的思考。

本书每一章的开始会有一段导读,介绍一下本章的内容,解释编译者对于某些内容的理解。希望能对读者有些帮助。所有维特根斯坦的文字都经过编译者的重新翻译,力争能最准确地反映维特根斯坦的原意。但是译者的能力有限,从原作者想说的,到原作者表达出来的,再到译者理解的,再经过译者翻译表达出来,一层层地递减,让读者从一个译本能够完全明确地理解原作者意图的可能性大大降低。而且,语言本来也有着它的局限,所有写下来的文字,即使不经过翻译,也已经无法表达作者原本的想法。所以还是像维特根斯坦说的:"也许只有那些自己曾经有过书中表达的思想,或至少有过相似思想的人,才能懂得这本书。"① 无论如何,最重要的不是阅读了维特根斯坦之后就得到了答案,省却了自己思考的麻烦,而是可以获得动力继续思考。维特根斯坦说过:"我不喜欢自己的写作是为了让别人省却思考的麻烦。相反,如果可能,我希望它可以激发某些人产生自己的想法。"

如果在读了本书之后,对维特根斯坦的思想有着更深的兴趣,读者可以阅读《逻辑哲学论》《哲学研究》《文化与价值》

---

① 维特根斯坦.文化与价值[M].黄正东,唐少杰,译.北京:清华大学出版社,1987.

这三本书的原著。如果希望更多拓展阅读的话，可以参考附录一的书单和最后的参考书目。

维特根斯坦在他的私人笔记里写过这样的话："有时一个句子只有在正确的语速下才能被理解。我的句子都需要被慢慢地读。"这一点我在翻译的过程中深有体会，慢慢地一句句阅读翻译，让我获益良多。在这个快餐文化充斥的时代，希望读者可以放缓速度，一边阅读一边思考，这才是阅读维特根斯坦的书最好的办法。

Contents
目 录

第一讲　美好的生活——维特根斯坦生平

4	一、一个不是天才的天才
11	二、《逻辑哲学论》的诞生
17	三、当一名乡村教师
22	四、回到剑桥
29	五、最后的日子

第二讲　不可言说——维特根斯坦思想

36	一、苦难与虚无
40	二、世界的意义不可言说
52	三、不可言说，但可以在生活中显现
63	四、死亡、永恒与时空
68	五、科学与信仰
81	六、信仰与宽容

第三讲　逻辑与意义

89	一、世界的定义
91	二、原子事实与逻辑图像
92	三、思想与逻辑
96	四、哲学、科学与显现
101	五、我是世界的界限
105	六、不可说的确实存在
116	七、在无法言说之处，人必须沉默
118	八、《逻辑哲学论》原书序言
120	九、《逻辑哲学论》选译

第四讲　语言哲学的开端

147	一、从逻辑到语言
152	二、家族相似
157	三、关于私人语言的讨论
159	四、哲学的捕蝇瓶
162	五、《哲学研究》原书序言
165	六、《哲学研究》第一部分选译
214	七、《哲学研究》第二部分选译

第五讲　伦理与信仰

| 224 | 一、一篇关于伦理学的讲演 |
| 236 | 二、关于弗雷泽《金枝》的评论 |

第六讲　维特根斯坦的笔记与信件

268	简介
270	1912 年
271	1913 年
272	1914 年
273	1916 年
274	1917 年
275	1919 年
276	1924 年
277	1929 年
279	1930 年
284	1931 年
290	1932 年
291	1932—1934 年
292	1935 年
293	1937 年
296	1938 年
297	1939—1940 年
299	1940 年
300	1941 年
301	1942 年
302	1944 年
304	1946 年
307	1947 年
312	1948 年

| 317 | 1949 年 |
| 322 | 1950 年 |

324	附录一　维特根斯坦的书单
330	附录二　爱与自由
334	参考文献
337	后记

第一讲
美好的生活——维特根斯坦生平

一、一个不是天才的天才

二、《逻辑哲学论》的诞生

三、当一名乡村教师

四、回到剑桥

五、最后的日子

维特根斯坦被公认为20世纪最伟大的哲学家之一，但是他富有传奇色彩的生平经历比他的思想具有更大的影响力。在西方哲学家中，只有苏格拉底的生平可能被认为更加具有启示性的意义。有关维特根斯坦的回忆录、小说、电影数不胜数，但是在流行文化中，维特根斯坦被他的追随者和崇拜者描绘成了一个苦行的圣徒、一个不世出的天才，甚至是一个救世主，如此的过分渲染却在某种程度上降低了维特根斯坦的真实性，而且扭曲了维特根斯坦在他生活中为我们展示出的意义。平常并不代表着平凡，我们会力图还原一个更平常的维特根斯坦，而在平常中探讨他生活的不平凡含义。

维特根斯坦在剑桥大学任教时，开设过"数学基础"课程，但那更多的是从哲学的角度设法理解数学的基础，并没有运用到任何高深的数学方法。被称为"计算机之父"的图灵当时在剑桥大学任研究员，旁听了维特根斯坦的讲座，两人之间有一段有趣的讨论，从其他学生所做的笔记看来，维特根斯坦完全是哲学性的思维，而图灵则是数学性的思维。哲学家丹尼尔·丹尼特在评价图灵和维特根斯坦的讨论时说："图灵貌似天真，但他给后世留下了计算机，而维特根斯坦呢？他给我们留下了，呃……维特根斯坦。"

维特根斯坦留下了维特根斯坦思想，似乎不如留下了造福后世的计算机的图灵,但是我觉得这正是维特根斯坦的可贵之处,因为当我们了解了维特根斯坦的生活历程之后,就会发现他留给我们最宝贵的遗产就是他自己的生活。

一、一个不是天才的天才

维特根斯坦生于19世纪末维也纳的一个超级富豪家庭，他的家族是奥匈帝国仅次于罗斯柴尔德家族的第二大富豪。当时的奥匈帝国还是一个欧洲领土面积第二、人口第三、工业军事实力居于世界第五位的庞大帝国，虽然在"一战"中奥匈帝国战败并解体，但是在19世纪末和20世纪初的年代里，那种昙花一现的闪耀令它的首都维也纳成为当时欧洲最繁华的文化之都。

维也纳是音乐的中心，作为莫扎特和贝多芬的临终之城，维也纳也是当时的世界"音乐之都"。茨威格在他的自传《昨日的世界》中对于世纪之交的维也纳进行了充满深情的描述。茨威格生于1881年，维特根斯坦生于1889年，他们经历的是同样一个维也纳。让我们摘录一段来说明当时维也纳的文化艺术气息：

艺术总是在它成为一件全民族生活大事的地方达到它的顶峰。正如文艺复兴时期的佛罗伦萨和罗马吸引了大批画家并把他们培养成为巨匠一样——因为每个画家都感到自己必须在全体市民面前与别的画家进行竞争和不断超越自己的水平——维也纳的音乐家和演员们也都明白自己在这座城市里的重要性。在维也纳歌剧院、在城堡剧院里，他们容不得一点疏忽，任何一个错音符都会被立刻发现，一旦进入合唱声部的时间不合拍或音符缩短，都会受到指责。而且这种监督不仅仅来自首演时的专业评论家们，而且来自每天的全体观众。

　　维也纳是当时名副其实的"音乐之都"，当时距贝多芬去世不过几十年，被誉为可以和巴赫、贝多芬一起并称为"3B"的勃拉姆斯，调性音乐最后的辉煌马勒，当时都在维也纳达到了自己音乐生涯的顶峰。维特根斯坦家族对于艺术一贯慷慨，而音乐是其中最重要的部分。勃拉姆斯和马勒，都曾经是维特根斯坦家的座上宾，尤其是勃拉姆斯，他和维特根斯坦家保持着朋友的关系，他为维特根斯坦家的小孩上音乐课，参加维特根斯坦家的音乐晚会，甚至把作品的首演也放在这里。

　　茨威格和维特根斯坦同为犹太人，而当时的维也纳也是对犹太人最友善和最宽容的都市。当时犹太人在获得了大笔财富之后，也开始了对文化的追求和敬仰，在茨威格的著作里有一段这样的描述：

　　这种对知识者的敬重，在犹太人的各阶层中都是一致的。纵然是扛着背包、日晒雨淋沿街叫卖的最穷的小贩，也都愿意做出最大的牺牲，至少要让自己的一个儿子念上大学。倘若在自己的家庭成员中有一个人明显地成了称得上有知识的人，如成为教授、学者、音乐家，那么就会把这种荣誉头衔看作是属于全家的，仿佛他通过自己的成就会使全家人都变得高贵似的。在他们的内心，都不知不觉地在竭力避免成为一个道德上不可靠、令人讨厌、小里小气、把一切视为交易、只讲做买卖的无知无识的人，而是努力争取跻身于较为纯洁、不计较金钱的知识者的行列，说得直率一点，仿佛他要把自己和整个犹太民族从金钱的不幸中拯救出来似的。因此，在一个犹太家族中往往是经过两代人至多三代人以后，追求财富的劲头便告衰竭，而且恰恰是在家族的极盛时期遇到了一些不愿接受自己父辈的银行、工厂、规模巨大和生意兴隆的商号的子孙。例如，罗斯柴尔德勋爵成了鸟类学家，华伯成了艺术史家，卡西雷尔成了哲学家，塞松成了诗人。

　　生活在这样一个文化氛围之中，深刻地影响了维特根斯坦的思想。路德维希·维特根斯坦生于1889年4月26日，他的父亲卡尔·维特根斯坦是奥匈帝国最大的钢铁巨头。卡尔是一个有着叛逆性格的人，他年轻时曾经离家出走，到达纽约时只有一把小提琴，竟然坚持了两年。这个叛逆的人对待儿子却严厉而不近人情，卡尔把自己对工程技术的热爱强加在儿子的身上，直接导致了两个儿子的自杀。尤其是卡尔的长子汉斯，他有着音乐方面的天赋，四岁就开始作曲，但是因为父亲要他继承事业的压力，汉斯也离家出走去了纽约，一般认为他是在一艘船上跳海自杀了。

　　在这样一个家庭出生的路德维希·维特根斯坦，幼年时代是一个并不出众的小孩。他没有音乐天赋，尤其是在这样一个充满音乐气氛的家庭中，他竟然直到30多岁才学习乐器，而且他选择的是单簧管，一件往往被音乐天才忽略的乐器。这和他的两位哥哥汉斯和保尔，还有姐姐海伦娜形成了鲜明的对比。想必青少年时期的维特根斯坦被哥哥和姐姐的音乐天赋掩盖，深深感受到了自己在音乐方面缺乏才能。但是对音乐的热爱深深地渗透在了维特根斯坦家族的血液里，对于他来说艺术的最高代表永远是莫扎特和贝多芬，他在1912年给罗素的一封信中如此写道："我很开心你在阅读有关莫扎特和贝多芬生活的书。这些才是上帝真正的儿子。"[1]

因为汉斯的死，维特根斯坦的父亲为路德维希·维特根斯坦选择了更加平民化的教育方式，他被送到林茨的一所偏重于培养工程师的中学。在那里他和阿道夫·希特勒做了一年同学。虽然希特勒和维特根斯坦同龄，但是比他低两年级，没有任何证据表明两人有任何交集，但是一个伟大的犹太哲学家和希特勒曾经是同学这件事还是引起了世人的兴趣。

维特根斯坦的学习成绩并不好，三年高中他只得了两个A，有很多C和D，这对于任何一个学生来说都不是值得骄傲的成绩。而且他的文科成绩比理科要好，这和他后来留给大家的数理逻辑天才的印象很不一致。尤其是他的成绩两个A都是和宗教相关的课程，并没有数学。从这个意义来说，维特根斯坦并没有通常意义上的数学天赋，在这方面把他神化是不恰当的。拉姆塞是和维特根斯坦交往最深的数学天才，他曾经委婉地指出维特根斯坦没有受到过足够的数学训练。

---

[1] Wittgenstein in Cambridge:Letters and Documents 1911—1951,Edited by Brian McGuinnes,（Blackwell,2008）,page 34,Letter to B.Russell,16.8.1912.

当维特根斯坦在林茨中学读书时，维也纳发生了一起影响深远的自杀事件。这起自杀事件的影响不仅仅在于自杀者本身的重要性，更重要的是它让一本原来无人问津的书变成了当时奥地利的一个文化现象，并且成了一部流传后世的哲学经典。1903年10月4日，魏宁格在贝多芬去世的那所住宅里开枪自杀，结束了自己短暂的一生。魏宁格的父亲在魏宁格的墓碑上写道："此石碑下躺着一个在世上不曾寻获内心平静的男孩，当其将自己心灵的启示传授之后，在世上已找不到合适的地方。他不停向有着最伟大思想的死亡国度探寻，最后在一间曾属于伟人的屋子里停了下来，结束了凡间肉体的延续。"

魏宁格的自杀引起了人们对于他在前一年春天出版的《性与性格》一书的关注。《性与性格》直到今日还是极具争议的一本书。对于魏宁格的生平和他的《性与性格》应该如何解读，会在附录中更详细地讨论。在这里主要谈论一下魏宁格对维特根斯坦的影响。首先，在维特根斯坦的哲学思想里可以看出魏宁格鲜明的印记，有些语句，甚至用词都有相似之处。其次，魏宁格认为不朽是天才的特权，而对于自己是不是天才的困惑一直压迫着维特根斯坦，直到他在剑桥遇到了罗素。最后也是最重要的，《性与性格》中提出的爱与性欲需要严格分离的理论，是维特根斯坦终生实践的信条，但是这也带给了他无数的矛盾与负罪感。因此，魏宁格对维特根斯坦的影响是毋庸置疑的。

在世纪之交的维也纳成长起来的维特根斯坦，直到他离开奥地利前往剑桥，都只是一个内向而普通的青年，他尚未表现出任何天才的迹象，直到他在剑桥遇到了伯特兰·亚瑟·威廉·罗素，第三代罗素伯爵，当时英国最著名的哲学家。1908年，维特根斯坦开始在英国曼彻斯特大学学习航空工程学。他选择航空工程，无疑是受到他父亲的鼓励。当时莱特兄弟刚刚向欧洲航空界证明了自己的飞机不是一个骗局，航空工程学开始从业余爱好者手中走向了学界和工业界，也得到了政府的巨大支持。但是维特根斯坦对于航空工程既缺乏热情，也缺乏天分。他的第一个项目是设计风筝，而后又花费了大量的时间进行一个类似螺旋桨飞机的设计。在工程学的课程里，有一门数学基础课，研读的过程中维特根斯坦接触到罗素《数学原理》一书的早期版本。随着学习的不断深入，维特根斯坦终于发现了自己的兴趣，同时也具有天分的领域。他先是寄了一篇论文给罗素的朋友菲利普·乔丹，乔丹和罗素讨论之后，指出了论文里的错误。然后维特根斯坦自己继续研究了两年，直到1911年暑假，他才鼓起勇气去剑桥造访了罗素。

剑桥是当时数理逻辑研究的中心，除了罗素，摩尔也在那里执教，摩尔代数就是以他的名字命名的。罗素最著名的不是在数学方面的贡献，而是作为一个哲学家的成就。罗素后半生更多地从事社会活动和撰写通俗的哲学著作（1950年，罗素凭借《西方哲学史》获得了诺贝尔文学奖），他前期的主要贡献体现在《数学基础》一书，这本书奠定了数理逻辑的基础。

一开始罗素只是把维特根斯坦当作从德国来的一个普通学生，但是很快他发现了维特根斯坦独特的哲学才能，维特根斯坦能够深刻地抓住一个问题直到认识到它的本质。罗素对维特根斯坦的评价越来越高，直到期许他能完成自己未完成的哲学工作。对于维特根斯坦来说，罗素的认可对他至关重要，他终于发现了自己具有天才的禀赋，而在这之前他一直以为自己只是一个普通人。和普通的定义不同，天才对于维特根斯坦来说并不等同于卓越的天赋：

> 天才是让我们忘记了天赋的东西。
> 天才磨损之处，技能方可透过。（纽伦堡的名歌手之序曲）
> ……
> 只有当天才磨损，你才能看到天赋。
> （《文化与价值》,1943年4月4日）

在罗素这里，维特根斯坦发现的并不只是自己的天赋，而是在哲学上他拥有的一种独特的热情与勇气："在这个世界上没有任何事比真正的哲学问题更加美好奇妙。"[①]

[①] Wittgenstein in Cambridge:Letters and Documents 1911—1951,Edited by Brian McGuinnes,（Blackwell,2008），page 32,Letter to B.Russell,Summer 1912.

二、《逻辑哲学论》的诞生

"一战"爆发后,维特根斯坦从剑桥返回了维也纳,志愿参军。奥匈帝国在"一战"中很快显露出衰弱的迹象,在东线和其他战役中屡屡败北,要靠德国的援助才能稳住战线。

在参军期间,维特根斯坦记下了一些笔记,就是后来称为《战时笔记》的书。《战时笔记》分为两部分,一部分是有关哲学的笔记,那是《逻辑哲学论》的思想基础;而另一部分是维特根斯坦的私人笔记,记录了他当时的情绪与挣扎。在这里摘录几段商务印书馆出版的《战时笔记》[①]的私人部分,借以说明他当时的状况。

这是刚开始时维特根斯坦的记录:

1914 年 8 月 15 日

一项共同的伟大的事业必然使人变得高尚这种说法是不成

---

① 维特根斯坦.战时笔记[M].韩林合,编译.北京:商务印书馆,2005.

立的。由此，即便最令人讨厌的工作也变成了劳役。值得注意的是，人们是如何将他们的工作本身变成一种令人讨厌的痛苦之事的……因此，谦卑地做工作，为了上帝的缘故不要丧失自我！因为当一个人将自己让与他人时，他最容易丧失自我。

1914年8月16日

在"高普拉纳"号船上。重复一下：这些人无以复加地愚蠢、无耻、邪恶。所有工作都成了痛苦。不过，今天我又工作了，我不会屈服。今天给亲爱的大卫写了张明信片。愿上天保佑他并保持我与他的友谊！——韦克泽尔河上的夜景本身是非常美的，我的心情不错。

1914年8月18日

夜里1点钟突然被叫醒。中尉质问我，并让我立即去探照灯处。"不要穿衣服。"我几乎光着身子跑到指挥舰楼上。冰冷的空气，而且下着雨。我确信现在我会死掉。将探照灯弄好，回来穿上衣服。是假警报。我极度不安，大声地呻吟。我感受到了战争的恐惧。现在（晚上）我又克服了恐惧。我将竭尽全力保全我的生命，除非我改变了主意。

从上面几段可以看出，维特根斯坦不喜欢周围的同伴，而且开始感受到了战争的恐惧，但还在努力想要振作起来。其中提到了给大卫写明信片，他是维特根斯坦在剑桥时的好友大卫·品生特。

维特根斯坦一生中最快乐的时光应该就是和大卫·品生特

一起度过的。他们一起去冰岛旅行,一起去挪威度假。在给罗素的一封信里他如此写道:

品生特对我来说是一个巨大的安慰。我们租了一艘小帆船,在峡湾上游荡,或者说品生特正在做所有驾船的事,而我则坐在船上工作。我从中得到什么了吗?如果我没有,我所有的工作都会丢掉,这将是非常糟糕的。但是我没有失去勇气去继续思考,请为我祷告!①

在"一战"期间,大卫·品生特的信和维特根斯坦随身携带的托尔斯泰编写的《福音书》,是支持维特根斯坦在战火中一直坚持哲学工作的主要动力。爱情和信仰支撑着维特根斯坦没有陷入抑郁而自杀,反而写出了20世纪最伟大的哲学著作之一《逻辑哲学论》。

在这里让我们再引用一些维特根斯坦的笔记,可以从中清楚地看出大卫·品生特对于维特根斯坦的重要性。

1914年10月20日

不舒服。工作了很长时间。下午感觉好一些。但是还是不太快乐;想念大卫:当最低限度能够给他写信时。但是我的精神在我之内对抗着我的消沉情绪。上帝保佑我。

---

① Wittgenstein in Cambridge:Letters and Documents 1911—1951,Edited by Brian McGuinnes,(Blackwell,2008),page 45,Letter to B.Russell,5.9.1913.

1914 年 11 月 11 日

收到来自费克尔的令人愉快的信。工作了相当长时间。我们已经可以听到从要塞传来的炮声！寄了一封信给大卫。我是多么经常地想念他啊！他是否以相当于我想他的时间之一半的时间想我呢？今天心情好一些。

1914 年 12 月 21 日

收到大卫的信了!!我亲吻了它。立即回了信。工作了一些时间。

1915 年 1 月 14 日

工作了一些时间。还不好。经常想念大卫，渴望收到他的一封信。

1915 年 2 月 6 日

收到大卫的可爱的信（1 月 14 日寄的）。

1915 年 2 月 26 日

没有工作！我还会再度进行工作吗？心情沮丧。还没有大卫的信。完全被抛弃了。想到自杀。我终究还会进行工作吗？

1915 年 4 月 30 日

收到大卫的亲爱的信！

1916年7月26日

收到了大卫令人激动的信。他写道,他的弟弟在法国牺牲了。多么可怕!这封可爱的信让我看清了,我在这里是如何生活在流放状态中的。或许这是一种有益的流放,但是我现在觉得这是一种流放。我被流放到了一群嘈杂的虫子之中,不得不和它们一起生活在令人厌恶的环境之中。在这样的环境中我应该过一种美好的生活,并净化我自己。但是,这是非常非常难的事情!我太软弱。我太软弱!恳求上帝帮助我。

在"一战"最难熬的岁月中,书、哲学工作、大卫·品生特是支撑维特根斯坦的三个支柱,一直到"一战"结束,奥匈帝国解体,维特根斯坦被关进了意大利的战俘营。在这些日子里,维特根斯坦写出了他自认为终结了哲学的《逻辑哲学论》,但同时也失去了他最挚爱的朋友大卫。1918年5月8日,大卫·品生特坠机身亡。维特根斯坦后来写道:"我每天都想到品生特,他把我一半的生命带走了,魔鬼将拿走另外一半。"

大卫·品生特对于维特根斯坦除了真挚的感情之外,还是维特根斯坦原创思想的源泉。正是两人一起的挪威之旅,诞生了《逻辑哲学论》之中的崭新思想。维特根斯坦在他的笔记中写道:

无论如何,当我在1913—1914年期间在挪威时,我有一些我自己的想法,或者至少现在在我看来我曾有过。我的意思是,我有这样的印象:在那个时候诞生了新的思想(但也许我错了)。而现在我似乎只是应用旧的那些。

(《文化与价值》,1931年)

这也就是为什么维特根斯坦生前唯一发表的作品《逻辑哲学论》被题"献给我的朋友大卫·品生特"。

三、当一名乡村教师

"一战"之后维特根斯坦除了致力于出版《逻辑哲学论》，他决定开始进修以便成为一名小学老师。这时他已经30岁，却选择回到学校和比他年轻十岁的青年人一起上课，而目标只是成为一个小学老师，这令很多人感到困惑，觉得他浪费了自己的天分。比如她的姐姐就批评说，维特根斯坦是在"用精密仪器开柳条箱"，但是维特根斯坦回应的是："你令我想起了一幅景象，有人从关着的窗户看出去，不能解释一个过路人的奇怪行动。他不知道外面是哪种风暴在肆虐，也不知道那个人只是吃力地想站稳。"当时的维特根斯坦是处于一种什么样的狂风之中，只有他自己知道。但是他的解决方式是不寻常的，他勇敢地改变了自己的生活方式，而不是寻求某种妥协。

在维特根斯坦为自己设计的崭新生活方式中，除了成为小学老师，他还有另外一个重大的决定：放弃所有财产。他固执地把自己继承的财产全部转让给自己的兄弟姐妹。后世的维特根斯坦崇拜者往往过分夸大他放弃财产的决定，毫无疑问地，维特根斯坦确实放弃了巨额财富带来的享受和便利，但是他依然拥有这份财富带来的安全感,他随时可以回到维也纳,得到他兄弟姐妹的衷心接待,不用担心生存。所以维特根斯坦在名义上一贫如洗,但是和一个真正的穷人相比,他依然是富有的。不过我们也不应低估维特根斯坦这一举动的意义,尤其是他从此过的是一种清贫克制的生活,生活里丝毫没有奢华的痕迹,这个举动即使不是最艰难的,仍然是一个圣徒般的举动。罗素在他1919年12月给奥托琳女士写的信中对此有着一段客观的描述。

  在他的书(《逻辑哲学论》)中我感觉到一种神秘主义的气息,但是我还是非常惊讶地发现他完全成了一个神秘主义者。他阅读克尔凯郭尔和安格鲁斯·西利西乌斯①那种人的作品,而且他认真地考虑成为一个修道士。所有这些都是从威廉·詹姆士的《宗教经验种种》开始,在他战前独自一人在挪威度过的那个冬天中成长起来的(并非不自然的),那时他几乎要疯狂了。然后在战争进行中发生了一件稀奇的事。他到加利西亚的塔诺夫镇执勤,碰巧来到一家书店,但这里似乎只卖明信片。然而,他还是走了进去,发现里面只有一本书:托尔斯泰的《福音书》。他买下了这本书只是因为没有其他的选择。他读了它,又重读了它,从此之后一直把它带在身边,在火线上,在所有的时刻。但是总体来说,比起托尔斯泰他更喜欢陀思妥耶夫斯基(尤其是《卡拉马佐夫兄

---

① 安格鲁斯·西利西乌斯:17世纪神秘主义诗人,著名诗句:"玫瑰不知其然,它开花,就因为它开花,它不注重自身,也不问别人是否睹其芳颜。"

弟》)。他深入到神秘思想和感觉的深处，但我认为（尽管他不会同意）他最喜欢神秘主义的地方是它的力量可以让他停止思考。我不太认为他会真的成为一个修道士——这是一个想法，而不是一个意向。他的意向是成为一名老师。他把所有的钱都给了他的兄弟姐妹，因为他发现俗世的财物是一个负担。我希望你曾见过他。

维特根斯坦放弃了全部财产之后，开始在一个奥地利乡村小学当教师，但是新的生活并没有如他想象的那样令问题完全消失，反而产生了新的问题。就像在"一战"时他厌恶那些周围的士兵一样，维特根斯坦无法忍受粗鲁的村民，而且他暴虐的脾气令他好几次体罚学生。这清晰地反映了维特根斯坦的一大缺陷，可以虔诚，却无法谦卑。并不是他不懂得谦卑的重要性，但是终其一生，即使晚年他变得更柔和，他的心底深处一直无比高傲而且严厉，他对自己和他人有着同样严厉的要求。这时的他还无比情绪化，例如他在写给罗素的信里抱怨，这里的人比其他地方的人都更加糟糕。特拉腾巴赫的村民真的比其他地方的更加恶劣吗？这些信中涌动的情绪只是显示了周围居民文化和教养上的差异，比贫苦简单的生活更加令维特根斯坦无法忍受。

在更换了一个学校之后，因为一次体罚事件，维特根斯坦被家长告上了法庭。虽然维特根斯坦被判无罪，他还是决定放弃教师生活，到一家修道院做了一段时间园丁。维特根斯坦做园丁的时间不长，但是对于他的精神状态有着非常正面的影响，他可以和植物打交道，而不用和粗鲁的村民来往。

在大卫死亡之后，维特根斯坦似乎直到此刻才第一次找到了内心的安宁。

离开修道院之后，维特根斯坦回到了维也纳，成为建筑师的助手，帮助他姐姐设计建造了一栋房屋。这时他也遇到了玛格丽特·雷斯宾格，这是他一生中唯一爱过的女性。维特根斯坦为她雕刻了一座胸像，摆放在为她姐姐建造的房屋中。维特根斯坦曾经向玛格丽特求婚，当他发现玛格丽特并不那么喜欢他的时候，在私人笔记中写下了这么一段话。

现在有理由假设玛格丽特并不特别关心我。这对我来说非常奇怪。我心中的一个声音说：结束了，你肯定会异常沮丧。——然而另一个声音却说：这不能让你失望，你必须预料到它，你的生活不能建立在一些可能会发生的情况上，即使那是你非常意欲得到的情况。后面那个声音是正确的，但这是一个人活着而且他被痛苦折磨着的情况。他必须奋斗，让痛苦无法损毁他的生命。然而一个人在虚弱的时刻总会感到焦虑。这种焦虑本身当然只是一种弱点，或者是一种怯懦。因为一个人总是喜欢休息，而不喜欢必须去奋斗。上帝与她同在！

在这段时间，维特根斯坦也和维也纳小组①建立了联系，尤其是当时维也纳大学的哲学教授石里克对他非常欣赏，相互之间有着不少交流。但是维特根斯坦丝毫不想继续从事哲学研究，他认为需要做的工作都做完了，他应该从事一种更"真实"

---

① 维也纳小组是 20 世纪 20 年代奥地利首都维也纳的一个逻辑实证主义哲学团体，代表人物有石里克、卡尔纳普、哥德尔等。

的工作。到底是什么使他决定回到剑桥，继续从事哲学研究，一直没有绝对的结论。他在剑桥的导师拉姆齐，可能在其中起到了重要的作用。维特根斯坦后来也承认，拉姆齐让他看到了《逻辑哲学论》之中的某些错误。

拉姆齐比维特根斯坦小 17 岁。拉姆齐本身也是一个天才，21 岁就成为剑桥的研究员。很多人认为拉姆齐如果不是在 26 岁就早逝的话，他可能做出和罗素、维特根斯坦一样伟大的贡献。

四、回到剑桥

著名的经济学家凯恩斯也是维特根斯坦在剑桥时的好友，在"一战"中他也保持着和维特根斯坦的通信，也曾设法让维特根斯坦可以提前从战俘营单独释放，但是被维特根斯坦拒绝了。凯恩斯在维特根斯坦回到剑桥一事上起了非常重要的作用，其中还有一段脍炙人口的故事。

在凯恩斯的一封信中，他是这么描述维特根斯坦回到剑桥的消息："嗯，上帝到了。我在5点15分的火车上接到了他。"被有史以来最伟大的经济学家之一称为"上帝"，这段话成了维特根斯坦最有名的逸事之一。也许凯恩斯选择"上帝"这个词汇有着希望维特根斯坦成为剑桥使徒会精神领袖的意味，但是无论如何这是一个无与伦比的赞扬姿态。

在当时的剑桥，有一个叫作使徒会的秘密社团，由剑桥的精英学生组成，其中本科生成员通常被称作使徒，而研究生则被称作天使。很多著名人士都曾经是使徒会的成员，例如丁尼生、麦克斯韦、哈代、罗素、伍尔夫，还有凯恩斯本人。维特根斯坦"一战"前在剑桥时就是使徒会的成员。或许凯恩斯的意思是维特根斯坦远远超越了使徒会的"使徒"和"天使"，成了"上帝"。

回到剑桥，维特根斯坦的身份仍然只是研究生，他需要一篇论文来获得博士资格，之后才能取得研究经费。维特根斯坦将《逻辑哲学论》作为他的博士论文，而对他进行口试的是罗素和摩尔。口试在1929年6月18日进行，这时维特根斯坦已经40岁，作为博士论文的《逻辑哲学论》也已经被公认为一部哲学经典著作。因此，这个口试进行得非常随意，就好像一场老朋友之间的聊天。罗素谈到了他对《逻辑哲学论》的质疑，无意义的命题如何可以表示不可动摇的真理？这不是自相矛盾的吗？这个问题他们早就谈到过，两个人都无法说服对方。维特根斯坦于是用这么一句话结束了这场口试："别在意，我知道你们永远不会懂的。"维特根斯坦的这句话经常被理解成一个绝世天才的傲慢，其实想一想40岁的维特根斯坦为了学位必须接受这么一个荒谬的形式主义过程，他难免也有些郁闷。

维特根斯坦顺利地得到了研究经费，之后也接替摩尔成为剑桥的哲学教授，但是他一直不满意剑桥的生活。1935年，维特根斯坦开始认真考虑去苏联做一个普通劳动者。他甚至找到机会去苏联进行了一次访问。但是苏联并不需要普通的体力劳动者，如果维特根斯坦愿意去苏联继续做哲学教授，也许还有一线希望。

这次不成功的尝试体现了维特根斯坦的两个倾向，一个是对宗教式的生活的向往。另一个倾向是脱离学院生活，做一个普通的劳动者。维特根斯坦在剑桥有一些崇拜他的年轻学生，和他的关系如同师父和弟子，而他对这些弟子的建议都是不要研究哲学。弗朗西斯在毕业之后去做了一个技术工人，另一个弟子德鲁利成了医生，而这两个职业也正是维特根斯坦自己考虑过的选择。

但是维特根斯坦自己一直没有摆脱哲学，只有在"二战"期间，先是在医院中做了一段时间药房勤务工，然后做了一段助理技术员协助进行医学研究。但是最终维特根斯坦还是选择离开了这份普通的工作，回到了哲学研究。其中并没有发生像在乡村小学体罚学生那么戏剧化的事件，维特根斯坦这次完全是自愿离开普通的工作，去完成他的《哲学研究》一书。

和维特根斯坦相比，反而是他的朋友弗朗西斯·斯金纳的生活更加符合这种对生活的追求。弗朗西斯从小就具有极高的数学天赋，但是他遵从维特根斯坦的教诲去做了一名制造螺旋桨的技术工人。他死后，他的家人对于维特根斯坦向弗朗西斯施加的影响极为不满，认为维特根斯坦鼓动弗朗西斯去做一个技术工人，这完全浪费了弗朗西斯卓越的数学天赋。弗朗西斯的好友古德斯坦写给维特根斯坦的一封信中，对此有这么一段评论。

> 弗朗西斯的家人可能没有认识到的是：他的主要成果就是他的生活，而在我们失去他之后，他遗留下来的最珍贵的东西就是对他生活的记忆，而不是某些可以装扮成哲学文章的词句。[1]

---

[1] Wittgenstein in Cambridge: Letters and Documents 1911-1951, Edited by Brian McGuinnes, (Blackwell, 2008), Letter from L. Goodstein, 20.10.1941.

通过弗朗西斯遗留的写给维特根斯坦的信件，我们看到他给予维特根斯坦的感情是如何美好而且温柔。如果说维特根斯坦给予大卫·品生特的是一份美好的情感，那么他从弗朗西斯那里得到的也毫不逊色：

我常常想你。我渴望有你和我在一起。夜晚很棒，星星的样子特别美。我渴望能用和你在一起时的感受方式感受一切。（1934年3月25日）①

我老是想着你，想着我们彼此的爱。因此，我前行、欢欣、克服了沮丧。（1936年12月6日）②

我一直想着你，想到我和你在一起时的美妙时光。真美妙——那竟是可能的。（日期不详）③

1936年底，维特根斯坦决定要向最亲密的几个友人忏悔自己的罪孽，作为一个新生活的开始。弗朗西斯也是他告知将要忏悔的对象之一。但是弗朗西斯以一种非常坚定的语调答复说："无论你对我说什么，都不能使我对你的爱有任何的不

---

① 瑞·蒙克.维特根斯坦传——天才之为责任[M].王宇光,译.杭州：浙江大学出版社,2011：345页.
② 瑞·蒙克.维特根斯坦传——天才之为责任[M].王宇光,译.杭州：浙江大学出版社,2011：372页.
③ 瑞·蒙克.维特根斯坦传——天才之为责任[M].王宇光,译.杭州：浙江大学出版社,2011：382页.

同。"①

但是维特根斯坦沉浸在对自身罪孽的思考和忏悔中,无情地忽略了,甚至在某种程度上恶劣地对待了弗朗西斯。② 因为在"一战"中,他一直坚定地保持对大卫·品生特的情谊,他从来不会疑惑自己的感情只是因为欲望或者孤独。但是他对玛格丽特和弗朗西斯从来没有这么确定无疑的感情,所以他会害怕欲望的侵袭。

维特根斯坦在爱和欲望的问题上对自己有着严格到近似苛刻的要求,那并不是完全禁欲的,而是一种认为性关系必须有爱作为前提的性观念。当他感觉到对一个人的爱已经不再存在,但他还是渴望对方的肉体时,他感到深深的羞愧。③ 而这时的维特根斯坦会觉得自己是"肉欲的、软弱的和低级的"④。

这样一种性观念对于维特根斯坦也许有着特殊的意义。这应该不是仅仅基于一种日常意义上的道德考量。而且,这也并非现实性的适当选择,这个选择带给维特根斯坦的只有折磨和痛苦。这甚至也不能说是感性的,维特根斯坦应该会把性欲本身归于感性的范畴,也许,正是这个观念本身的非功利性和纯粹性吸引了维特根斯坦。但是他难以克服自身欲望,也让他因

---

① 瑞·蒙克.维特根斯坦传——天才之为责任[M].王宇光,译.杭州:浙江大学出版社,2011:372页.
② 瑞·蒙克.维特根斯坦传——天才之为责任[M].王宇光,译.杭州:浙江大学出版社,2011:384页.
③ 瑞·蒙克.维特根斯坦传——天才之为责任[M].王宇光,译.杭州:浙江大学出版社,2011:381页.
④ 瑞·蒙克.维特根斯坦传——天才之为责任[M].王宇光,译.杭州:浙江大学出版社,2011:387页.

此更多地感受到自己的罪孽。

不光是在爱和欲望这一点上，维特根斯坦体现出了理想与现实的矛盾，在职业和生活的选择上也同样如此。维特根斯坦真诚地认为作为一个普通劳动者，比作为维也纳的一个富人或者剑桥的一名哲学教授，确定无疑地是一种更好的生活，他教导自己的弟子如此去做，但是他自己无法容忍这样的生活。在一生中维特根斯坦至少尝试过三次去过普通人的生活，第一次是志愿入伍，第二次是去做乡村教师，第三次是"二战"中的工作经历，但是最后都失败了。

很多书籍和故事把维特根斯坦描绘成一个圣徒，在志愿参军"一战"的战壕中写出了伟大的《逻辑哲学论》，放弃巨额的财产去当乡村教师，"二战"中他作为剑桥的著名哲学教授却自愿去当药房勤务工，但是当我们为维特根斯坦在某些方面如圣徒般的生活所感动时，也要看到在他身上现实和理想之间的矛盾。"一战"中维特根斯坦受不了他的战友，几乎到了自杀的边缘；当乡村教师时，他认为那里的乡民是世界上最卑劣的，而且因为体罚学生被告上法庭；"二战"时的工作也许相比之下是最平静、顺利的一段经历，但他最后还是自愿放弃了一直梦想的普通生活。

这种矛盾让维特根斯坦的形象更丰满具体，这样一个形象也远远比圣徒的形象更具有日常生活上的典型意义。这一切似乎映射着维特根斯坦自身与生俱来的性格上的缺陷，显示了圣徒本身也是凡人。然而这种缺陷其实是每一个人都难以避免的。有些人显露于外，有些人深藏其中，但每个人都有着自己天生的、无法克服的缺陷。从这个意义上来说，我们的双脚是和维特根斯坦站在同一高度的大地之上，区别在于他的心灵到达了令我们无法企及的高度。也许作为一个人，不应该太在意自己的最低处在哪里，但应该付出自己最大的努力，向上企及更高之处。

五、最后的日子

1947年，维特根斯坦决定辞掉剑桥的教授职位，去爱尔兰居住以完成他的《哲学研究》一书。即使脱离了剑桥令他厌恶的环境，他的精神状况依然很不稳定，甚至有时会害怕疯癫的来临。1948年夏天，在独居中，他不知为何陷入了深深的忧郁，想到了已经在十几年前得病去世的弗朗西斯：

想了很多最后一次和弗朗西斯在一起的时光，还有我对待他的可恨态度，那时候我很不快乐，但有一颗邪恶的心。我看不出，终此一生我怎么还能摆脱内疚。①

维特根斯坦一生最感觉内疚的是因为自己的不快乐而伤害了挚爱自己的人，这种对自己错误的内疚，反而让人看到了他真实且高贵的生活姿态。

一年多之后，《哲学研究》还没有完全写完，维特根斯坦

---

① 瑞·蒙克.维特根斯坦传——天才之为责任[M].王宇光，译.杭州：浙江大学出版社，2011：538页.

就被诊断出前列腺癌。他无法再继续工作，于是开始在阅读侦探小说之外更多地阅读一些其他的书籍。例如，在临终前的几封信中，他向友人反复地推荐了《沙漠之狐——隆美尔传》。

在维特根斯坦最后的日子里，他也终于变得更加温和，不再那么暴躁与严厉。有一个很有意思的小故事，恰当地反映了那时维特根斯坦有趣的姿态。维特根斯坦因为不愿意死在医院里，临终前他搬到了贝文医生家中。贝文医生的太太听说维特根斯坦是一个伟大的哲学家，但是脾气很糟糕，心里感觉有些不安。但是贝文太太很快发现，维特根斯坦并不像传说中那么暴躁严厉，他会和贝文太太谈论一些有趣的话题，而不会在智力上令她感到自卑，也不会谈论一些深奥难懂的东西。在这段日子里，维特根斯坦和贝文太太发展了一种特殊的友谊。他们每天晚上会散步到附近的一家小酒馆，点两杯红酒，贝文太太喝一杯，另一杯给维特根斯坦。维特根斯坦并不喝这杯酒，而是把它偷偷地浇到酒馆的植物盆栽里。贝文太太回忆说："这是我唯一看到他做过的不老实的事。"

在临终的病床上，贝文太太告诉维特根斯坦他的朋友正在赶来，维特根斯坦最后对她说："告诉他们我有一个美好的生活。"

维特根斯坦在晚年一直想要回到挪威，回到曾经令他产生过最多灵感的地方，但是他的病情不允许他那么做。维特根斯坦一生多次去过挪威，两次在"一战"之前，第一次是和大卫，第二次是去独居，也就是这两次在挪威有了后来《逻辑哲学论》里的基本想法。在"一战"之后，维特根斯坦又去过挪威。有趣的是，维特根斯坦每次去挪威都是从剑桥启程的，挪威似乎成了他逃离剑桥学术圈的一种选择。

维特根斯坦最后已经无法继续工作，一直想要写完的《哲学研究》一书，也只写完了第一部分。在他为这本书准备的序言里，他如此写道："我想要写出一本好书，这没有实现，但我可以改进它的时间已经过去了。"虽然没能完成自己哲学上的研究，维特根斯坦并不感觉特别的遗憾，他在笔记中写道："有人可能会说，某人在他完成某份工作之前已经死去是一件非常严重的事情；但在另一个意义上，这并不是关键。"

确实，哲学、著作、对后世的影响，如此种种，对维特根斯坦来说都不是关键。只有生活，美好的生活，才是关键。

第二讲
不可言说——维特根斯坦思想

一、苦难与虚无

二、世界的意义不可言说

三、不可言说,但可以在生活中显现

四、死亡、永恒与时空

五、科学与信仰

六、信仰与宽容

如果我说以下这些文字是维特根斯坦思想的忠诚复述和总结，那肯定是不妥当的，因为这不是普通意义上的一种思想综述，我也无法确认这是完全正确的一种解读。解读维特根斯坦一直是一项困难的工作，我不能也无法忽略或贬低许多维特根斯坦研究者和我不一致的观点。更精确地说，这些文字是我阅读维特根斯坦之后得到的东西，我认为维特根斯坦的思想应该是如此的，而也只有如此才可以被我理解。

　　但是，我也不能说以下其实是我自己的思想，因为它们和我心目中的维特根斯坦的思想紧密联系在一起，近乎不可分割。也许这个比喻最为恰当，我看到了一棵树，于是想象着什么样的根系能够支撑这棵大树，然后我把脑海里想象的树根勉强拙劣地画了出来，它只是真正支撑大树的根系的一个影子而已。不，连影子也说不上，这只是我对那些根系的一个想象。

　　这样一个想象可能具有什么意义吗？第一，如果说维特根斯坦遗留下的文字是一棵参天大树，那么对于维特根斯坦的研究或多或少都是关于地下不可见的树根的想象。从这个角度，它可以帮助读者从一个不同的角度认识维特根斯坦。第二，维特根斯坦的原著并不那么容易读懂，也许我的理解能对其起到一种介绍性的作用。第三，我觉得我的想法即使脱离了维特根斯坦的思想，自身也有着一定的意义，也许这样的根系有一天自己同样能发芽、开花、结果。

我把维特根斯坦的思想总结为不可言说的美好生活，但这里的"美好生活"并不是一般意义上的美好，尤其不是在很多"心灵鸡汤"中经常提到的那种美好生活。真正能支持生活的思想和心灵鸡汤之间的区别在哪里呢？最重要的就在于两者面对苦难的不同态度，心灵鸡汤教导的是如何避免苦难，标榜的是遵从一些简单容易的做法就可以不用再面对种种苦难；真正能支持生活的信仰却会直面苦难、忍受苦难，从苦难之中得到的生活基础才是坚实不移的。维特根斯坦的生活中没有舒适、安逸和享受，他一直是简朴而严肃的。他的思想也对在生活中感受到苦难和虚无的人最有益处。

我挑选"美好生活"这个词，是因为维特根斯坦临终说的那句话："告诉他们我有一个美好的生活。（Tell them I've had a wonderful life.）[①]"维特根斯坦选用 wonderful 而不是 beautiful 也许有他的深意，wonder 是奇迹的意思，wonderful 也可以翻译成奇妙，它的词源有着充满奇迹的意味。如果能够以正确的方式生活，那么生活本身就会充满了奇迹。但是奇迹并不是我们没有预料到的、令人惊异的事物，而是可以作为生活根基的东西。这个奇迹就是生活的意义确实存在，它会在生活中向我们清晰地显现。这部分参考的是英文版的《文化与价值》，由 G·H·冯·赖特翻译。

[①] 瑞·蒙克.维特根斯坦传——天才之为责任[M].王宇光，译.杭州：浙江大学出版社，2011，第583页。因为这句话是对贝文太太说的，所以维特根斯坦使用了英文，而不是他的母语德语。

一、苦难与虚无

人生的苦难可以分成重与轻两种。从世界的角度来说，有着《1984》那样沉重的世界，也有着《美丽新世界》那样轻浮舒适的未来；而从人生的视角，有着《死屋手记》里苦役犯的沉重经历，也有《生命不能承受之轻》中那种不能承受的轻。重之苦难是明显而令人畏惧的，贫穷、疾病、被欺辱、被轻视、痛失所爱。因为畏惧，所以想要逃避，现代人生活的重心就变得越来越倾向于这种逃避。维特根斯坦在《文化与价值》中写道：

我认为当前人类教育的目标在于减少忍受苦难的能力。现在如果让孩子们有一段好时光，那么这个学校就是好的。在之前这不是衡量学校好坏的尺度。父母希望孩子成为他们自己的样子（甚至更好），但他们给予孩子与自己完全不同的一种教育。——忍受苦难的能力不被高度地评价，因为不应该有任何人受苦，它们真的过时了。

（《文化与价值》,1948 年 5 月 30 日）

现代科技的发展，社会的进步，让人类逃避苦难的能力越来越强，同时，忍受苦难的能力也就越来越弱。这让人们经常忽略苦难的不可逃避性。一方面世界独立于我们的意志，未来充满着不确定性，没有人可以免于重之苦难发生的可能。另一方面，即使我们可以随心所欲，可以预知未来，我们因为不知道什么是不空虚的生活，每个人都无法逃避轻之苦难，我们可以选择的似乎只是清醒地面对空虚，或者把头埋入消遣享乐的沙土中，让自己不去面对。但是那些躲避在消遣享乐中的人们，他们其实也在经受着一种不同的苦难：

> 生活的根本不安全性。你的视线中苦难无处不在。真的，愚人们微笑的脸可能让我们认为他们没有真正受苦；其实他们也在受苦的，只是受苦之处和更聪明的人不在同一个地方。像一个人可能会说的，他们没有头痛，但和其他人同样的悲惨。毕竟不是所有的悲惨都会唤起相同的面部表情。一个高贵的人受苦时看起来会与我完全不同。
>
> （《文化与价值》,1946 年 11 月 12 日）

很多人就像《伊凡·伊里奇之死》里那个普通的俄国官僚，他一直没有意识到自己经受的苦难，只是安然甚至满意地过着和他人都一样的生活，直到有一天面临死亡，伊凡·伊里奇才开始觉醒。每个人都在苦难之中，不能察觉自己的苦难，让一个人离真正的解脱更加遥远。不要惧怕痛苦、烦恼、无聊、无力感和无意义；如果恐惧是难以避免的人性的一部分，至少我们试着不要让这份恐惧影响你生活中的选择。我们也不要被舒适、消遣和他人的羡慕迷惑，而忽视了自己生活中的苦难。察觉苦难、承受苦难是得到解决的第一步，就好像维特根斯坦曾经徘徊在自杀的边缘，但是最终他有了"一个美好的生活"。要通向真正美好的生活，必须从深渊之旁走过，因为畏惧而绕开深渊，只会让人沉沦于虚无。

　　轻的苦难其实并不比重的苦难更小，它们是等同的，因为它们都源于虚无感，而虚无感的根源在于生活的无意义性，或者更确切地说，在于我们相信生活是无意义的。如果我们能确认自己生活的意义，那么任何苦难都会变得可以被忍受。任何苦难都只是生活的一部分，如果生活本身是有意义的，那么苦难也必然是有意义的，在有意义的生活中忍受苦难是高贵的。而在一个无意义的虚无的生活中，最小的苦难与虚无相比也会变得无限庞大。这种虚无的苦难可以是无限的痛苦，因此需要无限的帮助。维特根斯坦曾经写道：

　　整个地球也不能具有比一个灵魂更大的苦难。
　　再没有任何苦难可以比一个人可能遭受的更大。因此，一个人可以在无限的苦难中，需要无限的帮助。

　　与一个人可以感觉到的相比，再没有更大的苦难。因为如果有人感觉他失去了自我，那就是终极的苦难。

　　（《文化与价值》，约 1944 年）

维特根斯坦的思想面向的就是这些渴望不朽，但是只能感觉到虚无的灵魂，他的思想为自己也为这些灵魂找到生活的意义，他的思想显示了在人生和世界的最深处并不只是一片虚无。

二、世界的意义不可言说

当我们谈及世界的时候,我们想到的是所有事物组成的世界,但是这个世界的定义是很不完备的。即使从物理世界考量,它没有考虑时间的因素,更不要说包容所有可能的在物理世界之外的心灵和精神的因素。世界应该是一切之集合,凡是存在的、被思考的东西都是世界的一部分。即使一个概念不可能存在,它被想到了,也就成了世界的一部分。不要把世界狭隘化,物质世界、逻辑世界都只是世界的一个子集,世界必然包含所有,世界之外必然空空荡荡。就连"世界之外"这个概念,以及"空空荡荡"这个概念,也都是世界的一部分,我们应该说世界是无外的。

对于这样一个世界,"为什么世界存在?"或者说"世界的意义是什么?"这个问题是否可以有解答呢?很多人在认真思考过这个问题之后就放弃了,因为简单的思考之下,会认为这是不可能有答案的:我们似乎必然会进入一个无法结束的循环。为什么世界存在?因为 A1。为什么 A1 存在?因为 A2。为什么 A2 存在?因为 A3。为什么 A3 存在……这样的问题是没有终结的。而还可以继续问下去本身就说明这个答案不可能是终极答案。但是，我们无法想象有一个答案能让我们无法继续问下去，似乎无论答案是什么，我们都可以继续问："为什么它存在？"或者"它的意义是什么？"

这个问题链有两种可能的形态，循环自身，或者无穷无尽。这两种情况我们都不会接受作为终极答案。这里还有一个很有趣的结论，如果世界是有限而且完全可描述的，那么这个问题链必然是循环的，因为遍历了可描述的有限状态之后，必然会重复之前的答案。

想到这里，我们自然会觉得"为什么世界存在？"这个问题根本无法有终极的解答。我一直是这样想的，我觉得大部分人也和我有着相似的想法。但是其实这只是因为我曾经的思考还不够细密深入，忽略了一种让提问终结的可能，那就是：答案不可言说。如果一个答案是无法付诸语言的，我们就无法继续问："为什么它存在？"它根本无法被语言说出，你如何可以用语言来谈论任何关于它的事？你又如何可以用语言来继续提问？或者也可以这样说，当你问为什么一个东西存在时，这个东西必然是可以被语言说出的，因为提问本身就是言说。所以，对于"为什么世界存在？"或者说"世界的意义是什么？"的回答就是世界存在的意义无法付诸语言。有人可能会说，那么我赋予这个意义一个代号好了，叫它为 Y，那么我还是可以继续问，Y 的意义是什么？这样依旧是不能终结的一个问题链。这里的问题在于当我们能够给予一个东西以代号，那么就等同于我们扩展了现有的语言来包含这个东西，这个东西就不再是不可言说的。因此，不可言说不仅仅是在现有的语言中不可言说，也意味着我们无法扩展现有语言或者发明新的语言来言说它，这样的东西才是真正的不可言说。

谈到真正的不可言说，作为东方人，我们最可能想到的应该是禅宗。而最普通的联想应该是"不立文字，教外别传"，或者"不可说，不可说，一说就是错"。而在西方文明中，则会联想到神秘的宗教体验。但是如果抛开宗教性或神秘性的不可言说，纯粹从理性的角度，是否也可以讨论不可言说的东西存在或者不存在呢？这是关键，因为如果根本没有真正不可言说的东西存在，那么世界的终极意义还是不可能有答案。

在这个问题上很多人很自然地会这么想：当然有不可言说的东西存在，我脑海里就有很多想法都无法用语言表达呀。但是个人的感觉并不是一个足够好的理由，因为在很多情况下我们发现完全依赖个人感觉很容易陷入谬误，而现代科学的发展恰恰证明了这一点。

我们可以把"是否有不可言说的东西存在"转化成一个等价的问题"语言是否可以描述世界中所有的东西"。而且在这个问题上，如果一个人相信自然科学的法则，相信人体（包括大脑）也是服从这些法则的，那么人体的状态就完全由这些自然法则所决定，而描述了组成一个人的所有粒子的状态，也就说出了这个人的全部，从而也就说出了他所有的感觉，从这个角度讲，不可说的感觉是不存在的。因此，是否有不可言说的东西存在，并不是一个自明的命题。下面，我们试图从一个普遍的角度来证明无法言说的东西确实存在。

让我们从一个范例开始，想象一个非常简单的世界，在那个世界中没有任何不可言说的东西。例如，一个固定不变的世界，或者一个简单循环的世界，或者服从简单物理定律有着有限粒子数的世界。但是当我们考察这个世界模型时，我们会发现我们的想象都有着一个共同的无法避免的缺陷，就是我们是站在那个简单世界之外在描述它，而当我们问："语言是否可以描述世界中所有的东西？"这个问题其实隐含了一个前提，就是我们是在世界之内言说，我们用来言说的语言是世界的一部分。这个前提是被世界的定义决定的，因为世界是一切的集合。那么"是否有不可言说的东西存在"这个问题，其实等价于"我们能否用世界的一部分来描述世界的整体"。如果部分无法描述整体，而语言只是世界的一部分，那么它就无法描述整个世界，世界必然有不能被语言描述的部分。

但是，我们还是可以设想这样一个世界，世界的某一部分决定了整个世界的状态。让我们举一个例子，设想一个世界有两个部分，这两个部分是完全镜像的，这样任何一部分都可以描述整体。这个例子似乎是无懈可击的，但是它依旧忽略了一个前提，就是我们如何能确知世界是镜像的，要确知这一点，我们必须不光能看到空间的整体，还要能看到时间的整体，而这对于在时空之中的存在是不可能的。也就是说，如果整体存在着某种规律（例如对称，或者重复，或者某种自然法则），那么整体的一部分就可以描述整体，但是要验证这种规律对于整体是成立的，验证者必须在整体之外。在这个意义上，我们仍旧需要关于世界整体的所有信息才能描述世界。

现在，让我们更详细地考量一下我们的语言。我们的语言是具有前后顺序的一串符号，它被写下时，时间性被转换成空间性，而被读出的时候，空间性被重新转化成时间性。因此，我们现有的语言是被固定在时空之中的，时空是它存在的前提。这里的语言不仅仅指自然语言，数学语言也包括在内，只要能转化成具有前后顺序的一串符号的，都在这种语言定义的涵盖范围内。

所有符号语言可以描述的东西，组成了一个可描述世界。可描述世界整体性的规则需要从可描述世界之外才能描述，我们当然可以扩展语言来描述这些规则，与此同时我们也就扩展了可描述的世界，但是扩展了的可描述世界就会有扩展了的整体性规则，而这些依旧无法被扩展了的语言所描绘。我在这里没能给出一个严格的数学证明，但是如果语言和语言的整体性规则可以被严格地定义，我们可以推想出一个类似于康托尔对角论证法的可能性证明。

维特根斯坦在《一篇关于伦理学的讲演》中提到过一个有趣的类似图像，我们可以以此为例来说明当一个人试图用语言来描述世界中所有的东西时，他必然会面对的问题。

假设你们之中有一个无所不知的人，他知道这世界上所有生或死的物体的所有运动，并且他也知道所有人类的所有心理状态，并假设这个人在一本书中写了他所知道的一切，于是这本书将包含对整个世界的描述。我想说的是，这本书不会包含任何我们称为伦理判断的东西，或者任何逻辑上意味着这种判断的东西。它当然包含所有相对价值的判断和所有为真的科学命题，事实上包含所有为真的命题。

在这里"无所不知"的假设，会遇到一个逻辑上的困难。这个人如何书写"自己书写的这段经历"。因为此人也是世界的一部分，所以他需要写下自己所有的心理状态和活动，这也包括他需要写下"自己写下自己的所有的心理状态和活动"那时的心理状态和活动，而这是一个无限递归的状态，永远无法终结。因此，任何人在世界之内都无法用语言来写下他的"无所不知"。

同样，在现代哲学研究中著名的"超级颜色科学家玛丽"的假想实验，也同样证明了不可言说的经验（或者说知识）必然是存在的。而且这个证明也许是最清晰而且直观易懂的一个。这个假想实验是弗兰克·杰克逊在1982年的一篇论文中提出的：

玛丽是一个卓越的科学家，由于某些原因，她被迫从一个黑白色的房间中通过黑白电视监视器来研究世界。她专攻有关视觉的神经生理学，并且获得了所有一切关于颜色的科学知识，让我们想象一下，当我们看到熟透的西红柿或天空，并使用诸如"红色""蓝色"之类的术语时，所有的物理信息。例如，她发现天空中的哪些波长组合刺激了视网膜，以及如何通过中枢神经系统产生声带的收缩和从肺部排出空气，从而导致了句子"天空是蓝色的"……当玛丽从她的黑色和白色的房间被释放出来或被给予彩色电视监视器时会发生什么呢？她会不会学到什么？似乎很明显，她会学到一些有关世界和我们的视觉体验。于是，之前的知识不可避免地是不完整的。但是，她已经掌握了所有的物理信息。

我们可以把这个假想实验进一步扩展，玛丽在黑白色的房间中可以通过语言得到所有关于颜色的信息，不只是物理信息，也可以是诗歌，是文章，是叙述，包括了所有的描述人对颜色的体验的语言资料。让我们同样设想，玛丽拥有了所有这些语言资料，理解并且记住了它们。当她走出那座黑白的小屋，她是不是很明显地获得了某些新的体验？但是玛丽已经得到了"所有"描述人对颜色的体验的语言资料，当她想要把她的新体验描述出来时，她会发现她的描述必然应该已经包括在这些语言资料中了。但是，玛丽并不会觉得自己的体验只是这些语言描述，在那之前她已经知道了这些描述，但是现在她知道了更多。因此，玛丽获得的新的体验中，必然有无法被语言描述的成分。这并不是说玛丽获得的体验肯定是他人没有描述过的，只是说他人即使描述过同样的一种体验，也只是描述了可描述的那一部分，而传达给玛丽的可以被玛丽理解的，也只是可描述的那一部分。只有当亲自体验到的时候，才包括了这个体验的整体，既包括了可描述的部分，也包括了不可描述的部分。这也就是为什么玛丽的体验是无法被语言描述代替的。

在以上对于语言局限性的讨论中，我们仍旧隐含了对于逻辑规则的遵守，每当出现矛盾时，我们就认为那是不可能的。现在让我们再讨论一下世界和逻辑的关系。在《逻辑哲学论》之中，维特根斯坦有一段关于"世界的意义"的文字：

世界的意义必然位于世界之外。在世界中一切如它所是，一切都如它所发生而发生：在它其中没有价值存在——如果假设它确实存在，它必然没有任何价值。

如果存在具有价值的价值，它必须位于所有发生之外，且是如此的。因为所有发生和存在，都是偶然的。

那使得它不是随机的东西，不能位于世界之内，因为如果它在世界之内，它本身就又是随机的。

它必然位于世界之外。

（《逻辑哲学论》6.41）

如果世界的定义是包含一切的，也就没有什么是在世界之外的，而维特根斯坦却说"世界的意义必定在世界之外"，世界是一切的集合，什么东西可以在一切之外呢？这个表面上的矛盾是因为维特根斯坦在这里提到的世界是指逻辑世界，只包含逻辑空间中的所有事实。

维特根斯坦在《逻辑哲学论》的开篇就说："世界是一切，是如此的一切。世界是事实的全体总和，而不是事物的全体总和……在逻辑空间中的事实就是世界。"何为事实呢？所有符合逻辑的事件就是事实，这样的世界就包含了所有可能发生的事件，而我们的物理世界必然是这个世界的一个子集。即使在唯心主义的思想体系里，这个定义也有它的意义。我们可以想象世界是由心灵产生的，譬如我们可以把世界理解为我心灵的梦幻，或者是无数人心灵综合而成的一个世界。我们可以在心灵里尽情自由地思考，但是我们的思考一旦被表述出来，必然是符合逻辑的，无法超越逻辑而进行交流。因此，凡是遵守逻辑的体系，无论唯物的或唯心的，都在这个世界定义的涵盖范围之内，我们可以称维特根斯坦的这个世界为逻辑世界。

那么有没有比逻辑世界（或者称为可交流世界、可说的世界）更广义的世界定义呢？这样的世界当然是存在的，当我们说符合逻辑的、可交流的、可说的时候，我们就包含了不符合逻辑、不可交流、不可说的东西是存在的，可说的东西和不可说的东西一起组成了一个更广义的包含所有的世界。也就是我们本节开头所说的包含一切的世界。

所以世界的意义必定在世界之外，只是说逻辑世界的意义必定在逻辑世界之外，不是说包含一切的世界之外还有着世界的意义。这也就等于说不被逻辑束缚的体验，才可能是世界的意义。不被逻辑束缚的，也就不在乎自相矛盾，不必自洽，如此才可能回答"为什么世界存在"这样的终极问题。

既然世界的终极意义必定在世界之外，那么世界之中就不会有绝对的价值，而相对的价值其实只是无价值。因为世界之中一切发生的和既存的东西都只有相对的价值，那么它们也就不是绝对必然要发生和存在的，所以它们都是偶然的。而所有非偶然的东西，绝对必然要发生和存在之物，必然不能在逻辑世界之内，只能在逻辑世界之外。因此，终极意义和绝对价值都只能是在逻辑世界之外，也就是在世界的不需要遵守逻辑规则的部分。很多经典著作的陈述都表明了这一点，下面我们举具体的例子来说明。比如《金刚经》中有一个著名的三段论："如来所说三千大千世界。即非世界，是名世界。"同样的结构还重复了多次，例如，"佛说微尘众。即非微尘众。是名微尘众。""如来说一合相。即非一合相。是名一合相。"《金刚经》这里想要说明的就是不能依据逻辑来理解如来的教导，必须跳出逻辑之外。

从以上的例子我们可以看出，人类的实践早就发现了必须超越逻辑，才能为世界的意义提供一个终极的答案。这并不只是局限于佛教经典，几乎所有的宗教都有类似的观念。

如果世界的意义在于不可言说、不符合逻辑的部分，那么世界的不可言说的部分和它可以表达的部分之间是一种什么样的关系呢？维特根斯坦有一段话很好地总结了两者的关系：

> 不可言说的（我觉得神秘的和不能表达的东西）或许提供了一种背景，让我能够表达的任何东西获得了意义。
>
> （《文化与价值》,1931年10月5日）

不可言说的且不符合逻辑的世界，是我们可以表达的世界的背景，而且让可以表达的世界获得意义的重要背景。我们之所以会觉得世界是虚无而不可能具有意义的，是因为我们被世界上可以表达的东西迷惑，忽略了它身后的背景。就好像我们在看一出戏剧，如果我们只注意戏剧中角色的言行故事，却丝毫不了解故事发生的背景，我们会感到迷惑，尤其是当那个故事发生在一个陌生而且神秘的背景之下,而且那个背景对于理解这个故事有着绝对的重要性。但是,我们自己也生活在这场戏剧之中,我们无法置身戏外去了解它的背景。我们只能从我们的生活之中设法领悟那神秘的赋予我们生活以意义的背景,它笼罩着我们,我们无时无刻不在其中,我们的一举一动都在它之中发生。我们可以感觉并确认它的存在,但是永远无法说出它在哪里,它是什么。

有人可能会说,世界是完全没有意义的或是觉得世界可能有意义但是无法言说,两者之间有什么区别呢?这两者即使在日常生活的选择上还是有一些分别的。那些认为世界是完全没有意义的,就容易陷入享乐主义,做什么反正是没有意义的,何必不做些可以让自己更舒服的事情呢?例如看书,有些书让人看起来很舒服,甚至有催眠的魔力,但是你知道作者写那些书也只是为了赚钱,你读那些书也只是为了消遣。如果确信世界是没有意义的,那么读这些书让自己开心,就是一件很顺理成章的事。反正更加严肃深刻的书籍一样无法回答世界意义的问题。但是那些认为世界的意义是可能存在的,哪怕它是不可言说的,生命的目标就不再是舒服与享受,而是设法感受到、体验到这个意义。再回到读书的例子上来说,虽然没有任何书籍可以描述出世界的意义(那是不可描述的),但是我们可以感到某些书籍会让我们靠近它,帮助我们去感受到世界不可言说的意义。我们读这样的书也因此具有了某些特别的意义。生活也是如此,确定生活意义的存在,哪怕只是生活意义可能是存在的,也会让我们有某种理由去选择一种不那么舒适的生活方式。如果我们觉得这种生活方式可以帮助我们感受到世界不可言说的意义,那就是我们应该选择的生活方式。

三、不可言说，但可以在生活中显现

世界的终极意义不可被言说，我们无法用语言思考和交流任何关于它的事；因为它不遵守逻辑规则，所以它既可以是对的，也可以是错的。对于这样一个东西，我们是否可以体验到它的存在呢？世间有着那么多种各不相同的神秘主义派别，无数不可言说自相矛盾的东西，哪一种才真正是世界的意义呢？我们如何抉择，又能依据什么来抉择呢？当我们确认了世界的终极意义是不可言说的，而不可言说的东西是确实存在的，这些和我们正在经受的苦难有什么关联呢？它难道可以帮助我们生活吗？那些神秘的不可言说的东西能对我们的生活有什么影响呢？当我们谈论终极意义、神秘之物、不可言说的东西时，我们总会觉得这些离我们的生活非常遥远，其实在维特根斯坦的思想中，它们和生活紧密地联系在一起。

我们确定了世界的终极意义是可以存在的，而且确定了它不可被言说，也不遵守逻辑规则。但是，我们确定的只是一种意义存在的可能性，我们依旧不知道它是否确实存在。很多人，包括很多伟大的智者，都认为世界根本没有意义至少也是一种选择，而且从概率上来说是非常可能的一种选择。"世界根本没有意义"是否更加可能？或者至少那种意义和人类无关，也许是更加可能且理性的推论？人类的眼光变得更加广阔，现代科学在前所未有的尺度上研究着世界，当我们思考着亿万光年之外的星云，思考着宇宙的起源和归宿；当我们可以看到电子和夸克碰撞的轨迹，当人工智能在各个方面开始超越人类，我们越发感觉到自身的渺小。地球在宇宙之中就像一粒尘埃，而人不过是尘埃上的尘埃，同样人的短短一生在时间长河里也不过是短短一瞬，这样渺小的一个存在，有着意义的概率有多大呢？也许我们不能断言世界的意义和地球上的人类无关，至少可以说有关系的概率很微小吧？

这种概率性的论断在可以言说的这一部分世界中，确实是成立的。但是我们已经证明了在可以言说的这部分世界中本来就不可能有着终极的意义，也就是说概率不是很小，而是为零。而在不可言说的那部分世界中，谈论地球或者人类在宇宙中的渺小是毫无意义的事。因为在不可言说的部分，没有大小的区别，在那里人并不比宇宙渺小，而一个也不比一万个更少，在不可言说的地方如何比较呢？在那里，"我"或者说"我的生活"永远占据着最重要的中心位置。

在德文和英文等西方语言中，生活和生命是同一个词，德语中是 Leben，英语中是 Life。但是在中文里出现了两个词，"生活"有着更偏向日常生活的意味，而"生命"则偏向自然的生命属性。在本书中，我们会尽量在广义上使用"生活"一词，生活并不只是日常的生活，其中应该包括生活和生命的全部。

维特根斯坦在《逻辑哲学论》中有这样一个断言："世界和生活是同一的。"在维特根斯坦"一战"的笔记中也有着一段相似的话，但是更为详尽：

　　世界和生活是一个。生理的生活当然不是"生活"，而心理的生活也不是。生活是世界。（《战时笔记》，1916年7月24日）

　　在这里可以看出，维特根斯坦对于生活的定义不是狭义上生理的生活，也不只是更广义的生理和心理的生活。在他的定义中生活即世界，世界即生活。我们可以把这句话和另外两段话来对比阅读：

　　死亡之时，世界并没有改变，而是到达终点。（《逻辑哲学论》6.431）
　　死亡不是生活中的事件：死亡是没有被活过的。（《逻辑哲学论》6.4311）

　　这句一般被翻译成"死不是生活里的一件事情：人是没有经历过死的。"，但原文的直译应该是"死亡是没有被活过的"（Der Tod ist kein Ereignis des Lebens. Den Tod erlebt man nicht.），这样的句法有着它特殊的含义。我们可以"活"（看到感觉到）别人的死，但没有人能"活"自己的死。自身之死是一件无法被自己"活"的事物。别人的死亡让世界改变，但那不是真正的死亡。只有自己的死才是真正的死，只有自己的死亡让世界终结。只要你还活着，那就不是死亡。在这个意义上说，一个人的生活就是这个人的世界。

还有一个角度可以更容易地理解世界和生活的同一性，我的世界就是我的生活。我生活中的一切，就组成了我的世界；在我的生活之外，也就在我的世界之外。不可能有什么不在我的生活中，却在我的世界之中。有人也许会反驳说："一千光年之外的一颗恒星诞生了，它的光传到地球需要一千年，那时我肯定已经死了。这颗行星在我的世界中，却不在我的生活中。"这个反驳的缺陷在于认为在我死亡之后，我的世界依然存在，而一千年后的光可以照耀在我的世界里，却不再能照耀我的生活。其实我的世界在我死亡时也到达了一个终点，一千年之后的星光与我的世界也没有关系。

还有另一种可能的反驳是："我不知道黎曼猜想是否能被证明，这个世界上也没有人知道，它不是我的生活的一部分，却是世界的一部分，因为黎曼猜想的证明是一个客观的存在。"在这里，缺陷在于我们矮化了生活，生活不只是我们的日常生活，也不只是我们知道的东西。生活包括了所有可能对我有着直接或间接影响的东西，包括存在的或不存在的，包括所有可能被我们思考的概念，包括可说的，也包括不可说的，只要它影响了我的生活。黎曼猜想的证明和一千光年外的星光这两个概念都是我生活中的一部分，也是我的世界的一部分，但是它们对于我目前的生活来说不需要以更实在的方式存在。

也许这么说更加清晰：当我们不再狭隘地看待生活，世界和生活就是同一的。既然世界和生活是同一的，那么世界的意义也就是生活的意义，而这种意义如果存在，必然存在于生活中。它不可被言说，也不遵守逻辑，我们无法用语言讨论它，我们如何知道它确实存在呢？因为它会在生活中对我们显现。

西方一般把真理分为两种，一种是基于思辨的真理，譬如数学、科学和基于理性思辨的哲学；一种是基于启示的真理，譬如基督教。而维特根斯坦则陈述了第三种真理，基于显现的真理，亦即不可说的东西可以对我们显现。

显现，似乎是一个很神秘的概念。尤其是因为维特根斯坦自己也说过："确实存在不可言说的东西。它们显现自身，它们是神秘的。"其实这里"神秘"指的是不可言说之物，因为不能被付诸语言，也就不能被我们用语言来思考研究。即使一个人感到了它的存在，甚至懂得了它的特性，也无法把他所懂得的告诉别人。而显现本身并不神秘，维特根斯坦在《逻辑哲学论》第一次提到"显现"这个概念是这么说的。

> 命题不能表示逻辑形式：逻辑形式在命题中映现自身。
> 语言不能表示那些在语言中映现自身的东西。
> 那些在语言中表述自己的东西，我们不能用语言来表述。
> 命题显现了现实的逻辑形式。
> 他们展示了它。
>
> （《逻辑哲学论》4.121）

显现不是思辨，因为思辨是基于语言的，而显现恰恰是在语言可以表达的范围之外。显现也不是启示，因为在启示之中，人是被启示者，而人能够被启示，必须有启示者的存在。启示者可以是上帝或其他的神明，但归根结底都是超越人类的存在。而显现不需要预设这样一种高于人类的存在，一个人自己的生活就会向他显现。

对于维特根斯坦来说,显现是确凿而且清晰的。显现不像艺术,艺术是确凿但模糊的,也不像科学,科学是清晰但不确定的。显现是一种独特的方式,它可以获得确凿而且清晰,但是不可言说的真理。

维特根斯坦有一段没有直接提到显现的话,却间接地提供了他对显现最好的解释:

> 我相信尝试去解释本身已经是错误的,因为一个人必须仅仅正确地把他所知道的排列在一起,而不添加任何东西,这样通过解释被寻求的满足就会随之到来。
>
> (《关于弗雷泽〈金枝〉的评论》)

也就是说,当你把所知道的正确地排列在一起,这些东西的意义就会显现,而不需要去牵强地解释。就好像当一个人把逻辑命题以某种正确的形式排列,逻辑形式就自动显现出来。而在生活中,当你的生活被正确地安排,那么生活的形式和意义也就会自动显现出来。在这里任何解释的努力都是不必要的且危险的,因为它们不可避免地导向错误。

> "我看见的这一切从哪里来?""所有这些来自哪里?"他所渴望的不是一个(因果的)解释,他的问题的关键是表达了这种渴望。他正在表达一种对待所有解释的姿态——但是,这如何在他的生活中显现出来?
>
> (《文化与价值》,1950年)

因为生活的答案不能被言说，只能向我们显现，在我们的生活中显现出来，而如何显现也是无法用语言描述的，但是显现之后会带来生活问题的消失。

我们觉得即使各种科学问题都得到了解答，我们生活的问题也依旧没有被触及。当然这里不再有一个问题，而这就是解答。

（《逻辑哲学论》6.52）

解决生活问题的方法是注意到这个问题的消失。（这不正是为什么那些在长时间怀疑之后意识到生活意义的人，却无法说出那是什么意思？）

（《逻辑哲学论》6.521）

在第一次读到时，这两段话显得很神秘，也给人一些故弄玄虚的感觉。"问题的消失"到底是什么意思呢？在维特根斯坦的私人笔记中，有几段话可以视作以上结论的注解。让我们先看看这一段话：

如果一个人觉得他解决了生活的问题，觉得一切都很简单了，他只需要对自己说，曾经有一段他的解答还没被发现的日子，那时他也依然可以生活，这就足够证明他错了，他现在发现的那个解答和过去之间的关系会看起来像个意外。对我们来说逻辑也是如此。如果有一个逻辑（哲学）问题的解答，我们只需要告诫自己曾经有它们还没被解答的时光(而那时生活和思考也一样是可能的)。

(《文化与价值》,1930年6月29日)

我看到这段话之后很久也不能真正理解它的含义,更谈不上理解它的重要性。它的难以理解不在于字面上,而在于它表达的意义在我难以相信的范畴之中。只有当我完全忘记自己先入为主的观点,只从字面意义去理解,我才明白它表明了两个重要的想法:第一,生活是唯一且必需的基础;第二,在任何解答被得出之前,人都已经可以生活和思考,由此可见这些解答不是必需的。

让我先解释一下我的疑问,然后再谈一下我疑问的根源。我的疑问源于我认为寻求生活问题的解答,也就是寻求生活的意义,是人生的头等大事。怎么可以说没有解答的时光证明所有解答都没有意义呢?其实寻求生活问题的解答,寻求生活的意义,尤其是脱离了生活本身的整体来寻求(例如,在纯粹思辨中寻求就是脱离生活整体的,思辨本身只是生活极小的一部分。),根本是一种无意义的行为。当一个人觉得他找到了答案,那么他就是觉得自己的脑海中有了某种至少可以说服自己的东西,但是生活问题的最终解答是无法付诸语言的,这样的答案必然是错误的。而从另一个角度讲,如果这个解答是生活必需的基础,那么我们在没有得到解答前可以如何生活呢?因此没有什么生活问题的解答可以作为生活必需的基础,生活本身就是生活唯一必需的基础,一切都需要回归生活本身。只要你可以生活和思考,其实就已经有了生活问题的某种解答。

既然生活是唯一的基础，从个体的角度来说，生活向这个人显现了一种让生活问题消失的方式，而只有如此生活，生活中的问题才会消失。

如何解决你在生活中遇到的问题？需要用一种让问题消失的方式来生活。生活是有问题的这一事实意味着你的生活不适合这一生活的形式。所以你必须改变你的生活，一旦它切合了生活的形式，问题就会消失。

（《文化与价值》,1937年8月27日）

解答生活的问题在于以一种让问题消失的方式生活，那么对于一个人来说这种生活方式就具有无与伦比的价值，那么从个人的角度来看，依照这种方式生活就应该是一种必然的选择，但是在实际生活中，有三个因素导致大部分的人都无法以这种方式生活。

第一个因素是我们没有意识到即使在我们自己思维中的自我，也不是真正的自我。因为当我用语言来思考时，必然是从他人的视角来看待自我（因为语言本身就是人与人交流的产物），这样得到的自我观念，必然只是一个语言可以描述的自我。而显现是超越语言的，可以被显现的对象只能是语言无法描述的自我。在逻辑和语言的层面，世界是没有意义的。我们只注重这个层面的生活，注定是无意义的。但是我们在人群中生活，无法完全忽视他人的看法，语言的交流对于我们生活的实际层面产生关键的影响，而且这个层面是清晰而具有逻辑性的，因此，可以说的东西往往显得更加有价值，遮掩了不可说的东西。

第二个因素是苦难的隐蔽性。当我们的欲望被满足,处在一个比较舒适的状态,苦难隐藏了起来,生活变得可以忍受。生活的基础依然是空虚的,但我们可以用各种消遣来转移注意力:

填补整个生命需要多么少的一点想法!正如有人可能在整个一生都在同一个小国家里旅行,并认为在外面什么也没有!

(《文化与价值》,1946年9月2日)

一生并不是很长,我们可以尽量把它无痛苦地打发掉。在这种状态下,我们不觉得有必要来改变我们的生活方式。很多人的生命就这样被一点点无聊的消遣填充,他们看起来甚至一点想法也不需要。

第三个因素是惯性,改变是困难的,我们恐惧未知与改变,而在各种改变中,我们最害怕的就是改变自己,维特根斯坦把这个心理总结得非常精妙:

如果生活变得难以忍受,我们就想要改进生活。但是最重要和最有效的,对于我们自己态度的改进,却很难发生在我们身上,这个决定极难做出。

(《文化与价值》,1946年10月7日)

大部分人的生活方式是上述三个因素的交织,我们注重语言和逻辑上的价值,尽量躲避苦难,避免改变自身。我们不相信生活对自己显现的东西，也拒绝按照我们内心显现的方式去生活。然后我们变得越空虚，越找不到生活的意义，我们设法在语言中去找寻，却只能找到更多的困惑。

只要我们的生活中还存在问题，就应该勇于改变我们的生活方式，因为我们可能失去的只是相对有限的价值，而可能得到的是绝对无限的价值。只要具有理性的人都应该知道如何选择。

我们还应该牢记：自我、他我、苦难、改变，甚至显现，都是设法用语言去说不能说的东西，其实就像维特根斯坦最著名的那句话："在无法言说之处，人必须沉默。"而我觉得应该再加上几个字：在无法言说之处，人必须沉默，开始生活。

四、死亡、永恒与时空

在《逻辑哲学论》和《一篇关于伦理学的讲演》中，维特根斯坦曾经两次提到过惊异于世界的存在。

世界如何，不是神秘的，神秘的是世界存在。（《逻辑哲学论》6.44）

我倾向于使用这样的短语："任何事物的存在都是如此的异乎寻常"或"世界竟然存在是如此的异乎寻常。"（《一篇关于伦理学的讲演》）

在这段之后，他描述了把世界作为有限整体的神秘感觉。

用永恒的视角来观察世界，就是把它作为一个整体，一个有限之整体的沉思。世界作为一个有限之整体的感觉是神秘的。（《逻辑哲学论》6.45）

让我们想象时空之外的视角，整个有限的四维时空展现在眼前，像是一幅四维的固定不变的巨大的画卷。从这个视角观察世界的感觉是异常奇妙的：在这幅巨大的画卷上，一个人的漫长一生就好像微小到不可见的一笔。因为这是四维中的一笔，那一笔的长短是人的寿命，那一笔在空间上的大小就是我们的高矮胖瘦，而一个人四处运动会让这一笔在空间上更加显眼。从时空之外的视角来看人生，在时间上延续得更长和在空间上占有的地方更大是等价的。

　　如果我们在这幅画卷上用颜色来表示一个人，他在时空的某一点上影响越大，颜色就越深，影响越小，颜色就越浅。那么我们会看到怎样的一幅图画呢？我们会看到在这个人出生之前的画卷上，这个颜色是不存在的，而在他那人生的一笔周围颜色慢慢变淡，当他死后颜色依然存在，但是一般会逐渐淡化，直到不可辨别。这都是一个逐渐的过程。人对这幅画卷的影响，有一个明确的开始，但是没有一个明确的终结。而且，虽然变淡是整体的趋势，但是在一个人死后偶尔也会有变得浓重的时候，例如，梵高在死后的很长一段时间里，颜色是越来越浓重的，死亡在这里是模糊不清的。

　　无论哪个人，都有一个清晰的开始，然后时浓时淡，最终变淡直到不可分辨。每个人都不过是一团浓浓淡淡的色彩，这团色彩在四维时空里的大小和浓淡真的很重要吗？作为人，我们不会一味地追求占有更大的空间，而会追求此处给我的感受是否美好、是否强烈。为什么我们对于时间就贪婪许多，总是希望能有无限的时间呢？

　　如果这幅画卷上有一道线或者一团色彩永远延伸，那就是一个永生的或者影响力不朽的人。但是人生对于每个人都是一个难解的谜题，图画上一道永远延伸的线难道可以解开这个谜题吗？让我们想象一下永生的人类。譬如人类实现了大脑状态的移植，可以把大脑的状态完美地复制到另一个空白的大脑中，如此重复，永无休止。这样的人类不是依然活在迷惑、苦难与空虚中吗？生活对有死亡的人类是一个谜，对永生的人类一样是个谜，永生和读万卷书行万里路一样，可能对揭开谜底有所帮助，但绝不是答案本身。同样，有些人认为如果拥有在时间上不灭的灵魂，就拥有了对人生问题的解答，也是把手段当作目标。

想一想那道人生的线，它长一点短一点真的有决定性的不同吗？也许我们在时空上都已经行走了足够的距离，我们需要的是跳出时空之外，把时空作为一个有限的整体来思考。在时空之外，就是没有时间性，也没有空间性。人生之谜的解答应该是在逻辑之外的（不可说的），在时空之外的（没有时间性，也没有空间性的）。就好像维特根斯坦的断言：

不仅人的灵魂在时间上的不灭，或者说它在死后的永存，是没有保证的；而且在任何情形下，这个假定都达不到人们所不断追求的目的。难道由于我的永生就能把一些谜解开吗？这种永恒的人生难道不像我们此刻的人生一样是一个谜吗？时空之中的人生之谜的解答，在于时空之外。

（《逻辑哲学论》6.4312）

相反，只要在此刻可以活在时空之外，那么此刻就是永恒：

> 如果不把永恒理解为无限的时间延续，而是无时间性，那么活在此刻的，也就永远活着。（《逻辑哲学论》6.4311）

活在此刻，并不是字面上简单理解的活在当下，不思考过去未来。这句话要和无时间性一起理解。无时间性地活在此刻的人，就永恒地活着。而无时间性是无法言说，也无法被理解的，同样是需要在生活里显现的。

西蒙娜·薇依《重负与神恩》中有一段类似的话："相信不朽是有害的，因为我们无能力设想灵魂确实是非物质的。因此，这种信仰事实上是相信生命在延长，它使死亡失去功能。"薇依在这一点上是正确的：把灵魂作为生命的延长是无用甚至有害的。但是她对于"我们无能力设想灵魂确实是非物质的"这个观点，就忽略了在语言和逻辑之外的、在时空之外的、不可言说的东西。我们可以确定的只是无法使用语言和逻辑在时空之内来设想真正的灵魂，而人的生活是可以超越语言、逻辑和时空的。

让我们再次回到把四维时空作为一个整体来观测的想象，尤其是一个人站在一幅四维图画之外这个情景。当我们更深刻地思考这个场景，会发现在这个简单的想象中，我们其实为自己臆想了一个观测的地点和时间，并没有真正地超出时空之外，因为我们根本无法想象不在时空里的观测。当我们看的时候，只能在时空里观看，在时空之外的观察者是不可思议的。我们再一次回到关于宇宙之外视点的悖论。"时空之中的人生之谜的解答，在于时空之外"，但时空之外似乎是无法想象之所。为什么在时空之外的观察者是不可思议、不可想象的？我们思考和想象的过程要被记录与交流，必须通过语言，而语言是在时空之中的。当我们的体验被转化成语言的时候，这些思考就都在时空之内了。但是我们的体验并不是全部都可以用语言表达的，有些神秘的显现可以在时空之外，而这些显现是可能的，也可以让人生之谜消失，才可能成为人生之谜的解答。

但是神秘体验有很多种，如宗教、艺术、自然、药物、酒精、性高潮等，都可能带来神秘体验；如果不能运用语言和逻辑来分析探讨，我们如何能知道哪些神秘体验可以成为我们生活的坚实基础呢？就好像在古老的传说中，有些幸运是神的赐予，有些礼物是魔鬼的诱惑，我们应当如何区分？

相信魔鬼存在的意义也许是：作为灵感降临到我们身上的一切并不都是好的？（《文化与价值》,1951年3月17日）

答案其实很简单：生活是唯一的标准。如果一个神秘体验无法让你生活里的问题完全消失，即使它给了你感官或者精神上极端的高潮，这些神秘体验都没有提供人生问题的解答。相反，一种生活上的显现很可能不带来悟道或者高潮的感觉，而只是在烦琐的日常生活里持续不断的某种坚持，可能是辛苦劳作之后全身的酸痛，可能是极端苦难里不放弃生而为人的欲望。无论它是什么，当它显现，我们就会不再有疑问，这时我们就知道自己终于可以在时间之外安心地生活了。

五、科学与信仰

近代自然科学兴起之后，凡依旧坚持宗教信仰的人，大多依据一种神秘与浪漫的信仰之激情，而反对理性的传统。这一趋势大多是因为科学和宗教之间的矛盾所导致，宗教失去了它曾有的权威，让位于科学。对于有着虔诚信仰的个体来说，这是一种很难接受的转变。科学是基于人类理性的一面，于是宗教转而诉求于人类感性的一面。这种转变对于那些本来就偏重感性的人是非常自然的，但是对于偏重理性的人们就会感觉若有所失。维特根斯坦是一个在逻辑中看到罪恶、看到伦理、看到生活的人，这种宗教感与逻辑理性的结合，对于那些思维方式同样偏重理性的人来说异常珍贵。

维特根斯坦是一个有着深刻宗教感的哲学家，宗教感是他的思想与生活最深层的基础：

宗教好像是平静海底的最深处，无论海面上的波浪有多大，它依然保持平静。（《文化与价值》,1946年10月16日）

相应地，维特根斯坦对于现代科学在人类生活中占据的统治地位持一种批评的态度。《文化与价值》中对于科学在很多方面提出了质疑，例如以下这段话：

> 似乎在今天，闪电比两千年前更为常见，更不令人震惊。想要人类视之为奇迹——也许人们——必须醒来。科学是一条让人们重新沉睡的道路。（《文化与价值》，1930年11月5日）

在科学占据统治地位的今天，一个哲学家说两千年前的人类曾经觉醒，而科学只是令我们重新入睡，我们会嗤之以鼻。科学对当今的人类来说是非常神圣的，但是这种神圣性是否有它可靠的基础呢？当我们提出这个问题："为什么科学是神圣的？"普通的答案有两种：科学可以造福人类，或者科学可以让我们更好地理解这个世界。

科学确实带给了人类很多，人均寿命的增长，生活的舒适程度，旅行与交流的便利，信息的丰富性，现代社会的一个普通人，就可以得到古代富豪甚至帝王都无法获得的物质精神享受。譬如拿破仑三世有一只著名的铝杯，因为当时纯铝难以提炼，是比黄金更值钱的金属。再譬如，当时藏书万卷就是很丰富的收藏，而现在任何人的手机上都可以随时看到网络上更加丰富的书库。同样地，绘画、音乐、雕塑、舞蹈、戏剧、电影，我们可以欣赏到的艺术品，任何一个古代的帝王都不能及我们的万分之一。如果说在物质上，古代的帝王还有些更奢华的享受，而现代人的物质丰富程度还不能达到"各取所需"的地步，大家都还有很多无法满足的欲望。在精神享受方面，却已经达到了近乎让每个人可以任意满足自己的程度，我们在精神上可以轻易获得的享受，已经远远超过了我们有限的生命，而这些都是拜科学的进步所赐。

我们对于世界的了解也加深了很多，无论是对微观世界的基本粒子，还是对宏观世界的宇宙模型，或者是对于时空和因果关系的了解，都随着科学的进步而愈加深入。科学甚至可以超越人类几千年来最为大胆的想象。比如时空的一体性，当我们速度越快，时间就会变得更加缓慢。多少哲学家、艺术家思考过时间和空间，但是有谁把它们看成过一体吗？再比如微观粒子波粒二象性，一个粒子可以概率地在此处，又概率地在彼处，这个例子简直是违反了逻辑，维特根斯坦在《逻辑哲学论》里就认为一个粒子不能既在这里又不在这里，但是量子力学却恰恰证明了这是可能的。没有科学，人类对于自然很难有这么深刻的认识。

但是这些就足以证明科学的神圣吗？我认为恰恰相反，科学是非常有用的工具，但从根基上科学不可能是神圣的。神圣和确定性是紧密不可区分的，但是科学不可能是确定性的。

有人可能会反驳，科学是承认确定性的，不然科学如何预测未来呢？但我们这里说的确定性，并不是基于因果关系相信未来可以被现在的状态决定的那种确定性，而是对某些理论或信条确定无疑的那种确定性。现代科学中所有的理论都是可以被证伪的假设，相信它们在未来某个时间会被证实是错的这件事，大概比所有的科学理论都更加确定一些。从这个角度讲，现代科学的基础就是抛弃了确定性，从而转向了实用性。

但是人在生活中，不只需要实用性，也需要确定性，就好像维特根斯坦在笔记中所写的：

我需要确定性——不是智慧、梦想、投机——这种确定性是信仰。信仰是我的心、我的灵魂所需要的信仰，而不是我投机的智慧所需要的。（《文化与价值》,1937年12月12日）

实用性是身体的需要，而确定性是心与灵魂的需要，科学无法提供这种确定性，但是信仰可以。例如，信仰中"奇迹"的概念就是基于确定性的，一个人必须确定一件事肯定不可能发生，当不可能的事件发生时，这才是个奇迹。但是科学里每一个颠覆了现有理论的事件，只会导致新的理论的产生，在这种框架下，所有不能被现有理论解释的事件最终都会被科学地解释，所以在科学的范畴中没有确定性，也不可能有奇迹。

另一个科学和信仰的不同之处是对于自我和客观世界的定位。科学中的自我只是客观世界的一部分，是从外部观察得到的，就好像我们观察他人得到一个他人"自我"的轮廓。在科学中我是客观世界的一部分，是受客观世界影响的，并没有任何自主性，也没有任何责任。而在信仰之中，自我却是最关键的一点，我担负着一切的责任，尊严、荣耀、罪孽都源于自我，而不是源于客观世界的影响。

维特根斯坦在给友人的信中提到过这种承担是至高的和关键的洞见。

如果我不快乐，而且觉得我的不快乐反映了自己和实际生活间的严重分歧，我就什么也没解决。我将在错误的轨道上，永远找不到摆脱自己的感情和思想混乱的出路，只要我还没有达到那至高的和关键的洞见：这种分歧不是实际生活的错，而是我个人自己的错。

而认为自己的行为都是被外部力量所左右，更像是一个科学的假说，在信仰的领域，一个人必须挣扎着为自己负责：

> 神如何审判人是我们无法想象的。如果他真的把诱惑的力量和天然的脆弱考虑在内，那他还可以降罪于谁？而如果不，那么这两种力量只会导致这个人走向他预定了的结局。在这种情况下，他被创造出来只是为了征服或屈服于那些力量相互作用的结果。这不是一个宗教性的想法，却非常像一个科学假说。所以，如果你想留在宗教领域，你必须挣扎。（《文化与价值》,1950 年）

在科学中，尤其是随着医学和心理学的发展，我们生活里的一切似乎都可以被科学地解释。情感背后的化学原理、抑郁的医学病理、幼年经历的心理阴影，科学让我们相信我们对于自己的生活没有任何责任，我们的罪恶、苦难、烦恼都是注定的。而信仰则让我们挣扎，挣扎着变得更好。这就是科学与信仰的分野。

也许有人会反对说："科学是在不断进步的，今天科学有这些局限性，未来的科学未必有这些局限性。信仰不过是在科学未能到达之处勉强生存，科学进一步，信仰就只好退一步。"随着科学不断进步，信仰又有什么确实性可言呢？是否信仰只是不愿意承认自己的谬误呢？但是一切理论都是可证伪的和对客观世界的定位，这两个观点都是科学的基础，并不是科学中可以不断进步的那部分。如果科学的进步导致了这些基础上的改变，那么科学就不再是科学，而成为了一种信仰。从这个意义来说，信仰并不是在科学未能到达之处才可以存在，信仰一直有着自己的领域。我们会觉得信仰的领域一直在退缩，其实是因为宗教曾经侵占了本应该属于科学的领域，混杂了不属于信仰的东西在教义之中，如今只是在慢慢退出，重新净化自己。但是科学不应该也无法侵入信仰的领域，任何思想进入了信仰的领域，就会变成信仰。

因为科学的巨大成功，科学在如今的时代有被神圣化的倾向。这就引起了一种思想上的矛盾：人们从小受着把科学神圣化的教育，在一个把科学神圣化的文化氛围中长大，但是在其中却无法找到绝对价值的存在。因为在科学中无法找到绝对的价值，人们往往会陷入虚无主义，认为绝对的价值根本就不可能存在。其实应该认清科学不是一切，只是一种得到知识的方式，虽然是在实践上最有成效的一种，但还有着其他得到知识的方式。

> 人们现在认为，科学家在那里指导他们，诗人、音乐家等在娱乐他们。后者有东西教授给他们；这点他们从来没有意识到过。（《文化与价值》，1939—1940年）

感情、艺术、信仰都是在科学之外获得知识的方式，它们虽然在实践上不如科学成功，但是对于某些人的生活却被证明有着更加重要的意义。而且最关键的是，在这些方式之中，尤其是在信仰的领域里，可以允许绝对价值的存在。

有人可能会反驳说，也许科学是对的，绝对价值确实不可能存在，我们为什么需要绝对价值呢？它对我们的生活有什么意义呢？但是我们的生活，至少我们之中某些人的生活，需要绝对的价值。对于有些人来说，进步的观念也许就已经足够，只要有一个比现在更好的未来，便足以支撑现在的生活。有些人甚至不需要未来可能的进步，只要现在的生活还算舒适，也就足够。但是有些人会觉得没有意义的世界如此空虚而无法忍受，对于这些人来说信仰如同空气和水分一样不可缺少。最终来说，任何的需要都是生活的需要，而某些人确实需要科学之外的东西。另外一种对于信仰的需要来源于人生中无所不在的苦难，苦难让人清晰地感觉到科学的局限性，当一个人面对无限的苦难，科学从根本上是无能为力的。

基于科学而反对宗教信仰的人士，大多认为宗教信仰是一种迷信。虽然宗教在发展过程中难免或多或少有着迷信的成分，但是作为信仰还是与迷信有着根本的不同：

宗教信仰和迷信是完全不同的。一个从恐惧中喷涌而出，是一种虚假的科学。另一个是一种信任。（《文化与价值》，1948年6月4日）

迷信的产生是因为恐惧，或者是因为想要得到某些利益。但它其实是不能成立的一种理论，是那些已经被证实为错误的、应该淘汰的早期科学理论。在这个意义上，科学确实应该完全取代迷信，因为科学在迷信想要取得的实践效果上，肯定是更加可靠的,而且随着科学的发展,科学和迷信之间的差别只会越来越大。但是宗教信仰则不同,它追求的不是实践效果,而是生活的终极意义和确定基础。就像我们刚刚讨论的,这是不属于科学的领域。

宗教信仰不是超越生活的某种东西,而是一种生活方式。每一种不同的信仰就是一种不同的生活方式:

在我看来,一个宗教信仰只能是(某些类似的东西)热情地把自己投入到一个坐标系之中。因此,尽管它是信仰,它其实是一种生活方式,或一种评判生活的方式。(《文化与价值》,1947年12月21日)

基督教是一种生活方式,佛教是另一种生活方式,而因为人和人之间的不同,每个人需要的生活方式也不同。对于维特根斯坦来说,基督教是一种他需要的生活方式:

我不能有意义地说出"主"这个词。因为我不相信他会来审判我,因为他没有告诉我任何事。如果我必须以不同的方式生活,那就告诉了我一些事。(《文化与价值》,1937年12月12日)

基督教不是一个教义,不,我的意思,不是一个关于人的灵魂发生了什么或将要发生什么的一个理论,而是在描述人类生活中实际发生的事情。(《文化与价值》,1937年9月4日)

我相信在基督教说的事情之中，合理的教义都是无用的。你必须改变你的生活。（或者改变你生活的方向。）(《文化与价值》,1946 年 10 月 11 日）

但是依据《福音书》讲述的生活方式来生活，并不代表加入教会。信仰对于维特根斯坦一直都是个人的思考和行为，他自始至终都不是一个从属于任何教会的信徒：

在《福音书》中静静地流动的春天似乎在保罗的书信中泛起了泡沫。或者只是我看起来似乎是这样。也许这只是我自己的不纯净，把泥泞读入了它，为什么这种不纯净不会污染那些清晰的东西？但对我来说，就好像我看到人类的激情，像自豪或愤怒，这不符合《福音书》的谦卑。这就好像他真的坚持自己的个性，超过作为一种宗教行为，这对《福音书》来说是陌生的。我想问——希望这不是亵渎——"基督会对保罗说什么？"

但是一个公平的反驳是：这关你什么事？设法让自己更像样！在你现在的状态下，你完全没有能力去理解这里的真相。

在《福音书》中——对我来说——一切都不那么自命不凡，更谦卑，更简单。在那里你找到小木屋，——在保罗这里你找到教堂。在那里所有的人都是平等的，而上帝本身是一个人；在保罗这里，已经有了一个等级制度；荣誉和官方职位。——就是这样，我的鼻子告诉我。

(《文化与价值》,1937 年 10 月 4 日）

维特根斯坦的一个学生皈依了罗马天主教，他写信给维特根斯坦说这个决定一部分是因为维特根斯坦向他推荐了克尔凯郭尔的著作。维特根斯坦的回信清晰地说明了他对一个基督教徒的看法。

你加入罗马天主教会的消息对我来说是一件意料之外的事。但这是好的或者坏的消息——我如何可能知道呢？以下对我来说是很清楚的。决定成为一个基督徒就像决定放弃在地面上行走，去走钢丝，而滑落是如此容易，每一次都可能致命。现在如果我的一个朋友要去走钢丝，他告诉我，为了做到这一点，他认为他必须穿一件特殊的衣服，我会对他说：如果你对走钢丝这件事是认真的，我肯定不是那个可以告诉你应该穿或不穿什么衣服的人，因为我除了在地面从来没有试图在任何其他地方行走。

进一步说，你穿这种衣服的决定在某种程度上是可怕的，无论我如何看待它。如果这意味着你对这件事情是非常认真的，尽管它可能是你所能做的最好的和最伟大的事，那它还是一件可怕的事。而如果你打扮好不去走钢丝，那又是另外一种可怕。有一件事，我想提醒你注意。有一些装置（把重物以特定方式附着在身体上），可以使你稳定在钢丝上，使你的行为变得容易，实际上不比在地面上行走更加危险。这种设备不应该是你衣物的一部分。——所有这一切的意思是：我不能赞成你决定去走钢丝，因为我自己一直待在地面上，我没有权利鼓励另一个人去从事这样的事业。然而，如果我被问到我宁愿你真的走钢丝，还是假装走钢丝，我一定会说：做什么都不要做后者。——我希望你永远都不会绝望，但我也希望你永远都保有绝望的能力。①

决定成为基督徒就好像走钢丝，而皈依教会不过是穿上走钢丝的特殊服装，皈依教会不等同于成为基督徒，而充满宗教感的生活不一定要去走钢丝，维特根斯坦一生都没有离开大地。这里也需要说明，维特根斯坦走钢丝的比喻并没有贬义，他在自己的笔记中写道："诚实的宗教思想家就像一个走钢丝的人。看起来好像他几乎是在空中行走。他的支撑物是最难以想象的细微。但是，确实可以在上面行走。"（《文化与价值》，1948年7月5日）

维特根斯坦的信仰是一种充满宗教感的生活方式。维特根斯坦的思想无疑是宗教性的，但是这种宗教性只是他在生活中得到的显现，是可以让他的生活问题消失的一种生活方式；也就是说维特根斯坦心中的宗教并不是他被圣灵启示达到的虔诚信仰，而是一种生活中的显现。维特根斯坦在"一战"时从不离身的托尔斯泰《福音书》中，开篇有着这么一段话：

耶稣基督的宣告是把对一个外在的神的信仰替换成为一种对生活的理解……所有相信他们是神的儿子的人都得到了真正的生活。对生活的理解是一切的基础和开始，对生活的认识就

---

① Wittgenstein in Cambridge:Letters and Documents 1911—1951,Edited by Brian McGuinnes,（Blackwell,2008）,Letter to Y.Smythies,7.4.1944.

是神。而通过耶稣的宣告，它已经成为了一切事物的基础和开始。

维特根斯坦在"一战"的笔记中也写下了相似的话语，他清晰地把上帝和生活的意义等同看待：

生活的意义，即世界的意义，我们可以称为上帝。
祈祷就是思考生活的意义。
相信上帝意味着理解了生活意义的问题。
相信上帝意味着看到生活有着意义。
（《战时笔记》,1916年6月11日）

相信上帝并不是在字面上接受《圣经》的教义，而是看到并理解生活的意义。上帝和生活的意义都存在于不可言说、不遵从逻辑的领域之中，在世界的那个部分，没有矛盾，没有对错，没有一和多。一切都是统一的，一切既是个体，也是全体。所以，维特根斯坦可以感受到上帝和生活的意义是合为一体的。

这种充满宗教意蕴的显现给予了维特根斯坦解决生活问题的方法：一种新的生活方式。但是即使在那之后，维特根斯坦的生活依然有着挣扎和痛苦。改变自己的生活方式是很困难的一件事，显现固然重要，依照那种显现的生活方式来改变自己的生活，是更加重要但也更加困难的举动。

维特根斯坦感受到的这种生活意义和上帝的等同，是属于他自己的显现，并不能解决其他人的生活问题。每一个人要解决自己的生活问题，需要在生活中得到自己的显现。从这个意义上说，神是否确实存在并不重要，哪一个神或者哪种信仰对你显现也不那么重要，重要的是我们是否确实在生活。

这种对生活的沉思和体验其实并不为基督教信仰，或者任何宗教信仰所独有。譬如现代人提起哲学都会想到哲学思辨和五花八门的哲学理论，但其实哲学在古希腊就是起源于对一种良好生活方式的探索，哲学的追求就是要回答何为良好生活的问题。例如，柏拉图在《苏格拉底的申辩》这篇对话录里就提出：好的生活是被考察过的生活。这可以被看成一种基于理性的对生活的信仰。但是随着思辨哲学的发展，它越来越多地陷入了语言的陷阱，忘记了自己考察生活的初衷。维特根斯坦对于哲学的否定，否定的也是这种玩弄语言概念的哲学，而他回归的正是追求良好生活的哲学。

托尔斯泰在他的《忏悔录》里说，信仰是"使生存成为可能"的东西，这样的信仰可以是宗教，也可以是其他任何在生活中的东西。信仰不是神赐予人类的，而是人类对生活的理解，是我们生活的意义。

六、信仰与宽容

绝对的信仰是否必然不宽容？当我们回顾人类的历史，似乎确实如此。信仰越虔诚的教徒或教派，对于违背他信仰之教义的人，就越不宽容。比如，基督教的宽容是伴随着虔诚信仰的减退而产生的，在基督教的各个宗派中，虔诚程度也是和不宽容的程度成反比的。即使是佛教这样的宗教，它在世俗的意义上是宽容的，但是它的信徒依然坚信外道是错误的，会生生世世在轮回中受苦。

为何绝对的信仰总是和不宽容联系在一起呢？因为宽容在很多情况下代表着无法绝对肯定，而当一个人认为自己可以绝对地相信，例如，绝对地相信上帝的存在，那么他不是理所当然地应该把自己的相信加于其他人吗？因为他绝对地相信这对其他人是最好的。

在这里我们遇到了一个矛盾，这种绝对的信仰对于某些人的生活是最基本的需要，而宽容其他人不遵从这个绝对的信仰就意味着他们不能绝对地肯定自己的信仰，从而否定了自己生活的基础。但其实这个矛盾是不存在的，因为在不可言说的领域中，我绝对的正确并不意味着那些和我有着不同意见的人是错误的。这在表面上呈现着一种矛盾的逻辑，但是正像我们之前说明的，世界的终极意义不可被言说，也不遵守逻辑。因此，相互矛盾的信仰可以都是正确的。在这个意义上，维特根斯坦的思想恰恰提供了一种宽容的基础：

当奥古斯丁在他《忏悔录》的每一页中呼唤上帝时，他错了吗？但是——一个人可能说——如果他不是错的，那么佛教的圣人一定是错了——或者任何其他的人——他们的宗教观点是完全不同的。但没有任何人错了，除非他提出了一个理论。

（关于弗雷泽《金枝》的评论）

我们只能理解他人可交流的自我，无法理解任何其他人真正的自我。因此，当我们觉得他人是错误的时候，我们要牢记自己看不到他人真正的自我，无法理解的那个人，只是我们眼中被扭曲的一个不重要的影像，并不是面前那个人真正的自我。既然我们根本看不到对方最重要的部分，有什么权力认为对方是错误的呢？正确和错误在不可言说、不遵循逻辑的领域没有意义，信仰上帝和释迦牟尼的人可以都是正确的。其实不光是奥古斯丁和佛教的圣人都可以是对的，每一个人在不可言说的领域里都可以同时是对的，因为只有付诸语言和逻辑之后，才产生了对错。

从另一个角度来说，我们也可以说基督教和佛教全都是错的，没有一种教义可以解决所有人的生活问题。也许基督教和佛教对于很多人来说代表着一种有意义的生活方式，但是它们也许不是你所需要的那种生活方式。每个人的生活都大不相同，每个人需要的解答也各不相同,生活向每个人显示的东西也不会相同。在这个意义上,赋予一个人生活以价值的奇迹在别人看来也许毫无意义,但是我们应该可以理解这也是一种可能。在这个意义上,每个人需要产生自己的信仰。

既然每个人都基于不同的价值,过着不同的生活,那么是否有些生活比其他生活更有价值呢?从两个不同的角度来说,答案是不同的。从"众人"的角度来说,每个人都可能有着不同的让他的问题消失的生活方式,相互之间并没有高下之分。也就是说,没有什么解答是神圣的,包括逻辑、艺术、宗教信仰、神秘体验、科学;也没有什么解答是卑下的,例如金钱、欲望、虚荣、享乐。对于我是卑下的生活方式,也许对另一个人是神圣的答案。但是在尊重他人的同时,也不能忽略"我"的特殊价值。仅从"我"的角度思考,有些生活方式(那些能让我的问题消失的生活方式)确定无疑地比其他的生活方式更加具有价值。每一个人都只能自己去生活,自己去思考:

  没有人可以帮我思考,就像没有人能帮我戴帽子。(《文化与价值》,1929 年)

每一个人在尊重别人生活价值的同时,也要在生活中寻找、思考、获得并坚守自己的价值。就好像 20 世纪初在维也纳曾经流行的一句话:"自己生活,也让别人生活。"[1]

---

[1] 茨威格. 昨日的世界——一个欧洲人的回忆 [M]. 舒昌善,等,译. 桂林:广西师范大学出版社,2004.

第三讲
逻辑与意义

一、世界的定义

二、原子事实与逻辑图像

三、思想与逻辑

四、哲学、科学与显现

五、我是世界的界限

六、不可说的确实存在

七、在无法言说之处，人必须沉默

八、《逻辑哲学论》原书序言

九、《逻辑哲学论》选译

《逻辑哲学论》自从1918年初次付印之后，就以晦涩难懂著称。维特根斯坦在序言里写道："也许只有那些自己曾经有过书中表达的思想，或至少有过相似思想的人，才能懂得这本书。"这就像我们看到一篇散文，觉得它写出了自己心底想说但是又没有说出的话；或者读了一首诗，写出了自己早有感觉但是无法描述的心情。《逻辑哲学论》就是这样令人晦涩难懂，却非常容易和读者引起共鸣的文章。这也是为什么《逻辑哲学论》是20世纪最有影响的哲学著作之一。

维特根斯坦在后期否定了自己在《逻辑哲学论》中的某些内容，开创了一个新的哲学流派。这是否说明《逻辑哲学论》是错误的，甚至已经没有任何价值了呢？我个人认为《逻辑哲学论》的意义和价值远远超过维特根斯坦后期的《哲学研究》的意义和价值，我觉得要从三个角度看待这个问题。

第一，维特根斯坦晚年并没有推翻《逻辑哲学论》之中的结论部分，他试图改进的更多是论证的过程。他在《哲学研究》中推翻了对于《逻辑哲学论》对于语言过于简化的看法，但是对于6.4之后那些最重要的命题的看法基本没有改变。

第二，我们不一定要盲目追随维特根斯坦的看法，维特根斯坦的改变不能说明《逻辑哲学论》是错误的，在这里我们需要有自己的判断。最重要的是自己的理解，不是一味跟随别人。

既然《逻辑哲学论》里的思想必须是自己曾经有过类似思考的人才能真正理解，那么自己思考得到的理解不会因为维特根斯坦后来的否定，就失去了价值。这个价值是我们的，而不是维特根斯坦赋予《逻辑哲学论》的。

第三，错误的并不代表没有价值，而正确的也不代表更有价值。错误和正确是科学的价值观，但是并不是普适的一种价值。艺术、宗教、生活都有着自己的价值，美、善、幸福在各自的领域中都比错误和正确更重要。即使《逻辑哲学论》中的某些命题是错误的，它也可以有着自己不可磨灭的价值。

人无法理解距离自己太过遥远而无法触及的东西，但唾手可得的事物也不值得珍惜，只有那种经过攀登到达山顶之后，坐下休息时看到壮丽景色才最让人难以忘怀。《逻辑哲学论》是一座难以攀登的高山，但是登到山顶所带来的感觉和领悟也是无与伦比的。希望下面的内容能成为一个登山的导引图，能在某种程度上帮助本书的读者。

但是无论如何，这只是编译者自己片面的理解，读者自己的思考是最重要且无法被替代的。所以在本章之后附上了重新摘译，尽量贴近原文的《逻辑哲学论》。编译者的原则是尽量淘汰已经被时间证明是不重要的细节，但还是留下一条完整的线路让读者可以跟随，这样可以在导读和完整的原作之间建起一座桥梁。

维特根斯坦在《逻辑哲学论》6.54写道："我的命题作为澄清，是以这种方式，任何人最终理解我的人会认识到它们是没有意义的，他在它们之中——在它们之上——并最终超越它们。（可以这么说，他必须爬上梯子，然后扔掉它。）他必须超越这些命题,然后他才可以正确地看待世界。"虽然超越《逻辑哲学论》里的命题非常困难,对于普通的读者是几乎不可能的一件事。但是怀抱着"登上高处之后把梯子扔掉"的愿望而阅读《逻辑哲学论》,至少可以让我们走到更远的地方。毕竟我们的阅读目的不是设法超越维特根斯坦,而是超越我们自己。

维特根斯坦的著作都不是长篇大论,他似乎只擅长段落式的写作。在《逻辑哲学论》中,为了把一个个段落之间的关系表达清晰,他引入了一个特殊的编号系统。整篇《逻辑哲学论》分为7个部分,每部分的第一句就是个位数的编号1~7,然后从属于第1部分的,就是1.1、1.2等,从属于1.1的,则是1.1.1、1.1.2等,依次类推。因为《逻辑哲学论》依据编号分为7个部分,下面的内容也是依据顺序依次解释。但是所有解释只是编译者的理解,直接阅读原文是理解维特根斯坦最好的办法。本章编译时选用的版本是英文版的两个版本,有不一致的地方。一个是由奥格登翻译的《逻辑哲学论》,另一个是由皮尔斯、吉尼斯翻译的《逻辑哲学论》。

一、世界的定义

要想思考世界，必然要先思考什么是世界。一般来讲，我们心中的世界是所有物体的一个集合，有着星星、太阳、地球，地球上有着人类，而我也只是这个世界中一个物质的存在。其实这个世界图像只是我们思考感受到的世界整体的一个异常简化的图像，在承认这个图像的同时，我们已经把对世界的某些看法隐藏在了这个图像之中。如果运用这个图像来思考世界的话，就是认可了这些隐藏的看法，所以选择世界的定义有着意想不到的深层含义。

例如，把世界想象成所有物体的一个集合，这就意味着我们认为物体是世界的基本组成部分，而意识和思想也有着物质的起源。再例如，把世界想成一幅四维时空上的巨幅画卷，这样的世界就预设了时间和空间，还有一切都是确定性的这个前提。维特根斯坦《逻辑哲学论》中的世界定义有着什么样的前提呢？在这个时期，逻辑对于维特根斯坦有着绝对的意义，逻辑即世界，逻辑即生活。所以自然而然地，维特根斯坦的世界定义是一个逻辑世界，而不是包罗所有的世界。

这一部分的内容很短，只有七句话。其中最清晰的世界定义应该是这一句:"在逻辑空间中的事实就是世界。"逻辑空间中的事实是指所有符合逻辑的事实的集合。这样的事实组成的世界,就是一个符合逻辑的世界。注意这里的事实并不只包括那些为真的命题,而是包括了所有符合逻辑的东西,无论是否确实存在。所以这些东西是逻辑空间里的事实,而不是现实世界中的事实。

理解维特根斯坦的世界定义对于阅读《逻辑哲学论》非常重要,文中提到的世界是特指以上定义的逻辑世界,而当讲到世界的意义时,指的也是逻辑世界的意义。在导读当中为了清晰,我会将维特根斯坦在《逻辑哲学论》中定义的世界称为逻辑世界,而把可说的和不可说的东西一起组成的世界称为包含一切的世界。包含一切的世界中有着符合逻辑的部分,也有着不符合逻辑的部分,而符合逻辑的部分是可交流、可说的,不符合逻辑的部分是不可交流、不可说的。

二、原子事实与逻辑图像

维特根斯坦首先给出了原子事实的定义:"2.那些是如此的事实,是原子事实的存在。"维特根斯坦在这里使用了一个"是如此的"(英语:is the case; 德语:der Fall ist)的概念,有的译本翻译成"发生的"。我保留了最直接的翻译,让读者决定此中的意思。因为我觉得"发生的"在中文里有已经发生和尚未发生的含义,是在时间里的一个事件。而"是如此的",是在逻辑中的"是如此"与"不是如此"。

然后他引进了逻辑图像的概念,并做出了事实的逻辑图像可以描绘世界的结论:"2.19 逻辑图像可以描绘世界。"

原子事实与逻辑图像,以及使用它们来分析语言,是《逻辑哲学论》中最明显的被后期维特根斯坦推翻了的命题。这部分对于后世的哲学影响也不大,一般认为是一个失败的、过分简单化和机械化的尝试。我们在这里就不更多地分析和介绍了。后面很多相关的段落,也都没有包含在摘译中。

三、思想与逻辑

　　维特根斯坦把"思想"定义为事实的逻辑图像："3. 事实的逻辑图像就是思想。"然后提出了"3.03 我们不能思考任何非逻辑的事,不然我们就必须非逻辑地思考"的论断。这个论断充分体现了当时逻辑在维特根斯坦思考中具有的核心地位,我们会多花一些篇幅来讨论。

　　为什么我们不能非逻辑地思考呢?让我们尝试一下思考一件非逻辑的事物。我们很快发现我们可以思考发生过的事、可能会发生的事,甚至也很容易地思考不可能发生的事,还有无法确定是否会发生或者无法确定是否可能会发生的事,但是我们甚至不知道什么是非逻辑的事,根本就无从入手。维特根斯坦举了一个我认为不太好的例子来说明这个问题:

　　3.032 在语言里表述任何"与逻辑矛盾"的事物,是不可能的,就好像在几何中用坐标表述一个图像却违反空间规则,或者给予一个不存在的点以坐标。

　　3.0321 我们可以在空间上表述一个违反物理规则的原子事

实，但是没有人可以在此情况下违反几何规则。

这个例子是从康德的《纯粹理性批判》中的时空观演化而来。康德认为时间和空间概念是思考的基础。但是康德和维特根斯坦似乎同样都忽略了非欧几何的可能性，康德生活在非欧几何诞生之前，但是维特根斯坦这段话写在非欧几何诞生之后，所以如果我们认为维特根斯坦只是不知道或者忽略了非欧几何的存在，应该是过度低估了维特根斯坦。

在这里我们需要认真思考一下"违反几何规则"是什么意思。在上面的引文中，维特根斯坦首先提到了在几何中用坐标表述一个点。坐标可以有着不同的规则，但是几何坐标本身就有着它表达上的局限性，坐标本身就蕴含着某种几何规则。坐标无法表达违反坐标系本身蕴含的几何规则。从这种意义上，我们可以更清晰地看到坐标和语言的对比，语言有它的局限性，而逻辑就是语言本身蕴含的规则，因此语言无法表述违反逻辑规则的东西。这就是为什么维特根斯坦说："在语言里表述任何'与逻辑矛盾'的事物，是不可能的。"而因为维特根斯坦认为一切思考都是通过语言进行的，所以有着这样的结论："3.03 我们不能思考任何非逻辑的事，不然我们就必须非逻辑地思考。"

如果我简单地试图非逻辑地思考，我确实会感觉到那是不可能的。但是如果更深层地思考这个问题，答案却并非如此简单。我在这里举一个例子，就是"万能的上帝"这个概念，它似乎就是与逻辑矛盾的。万能的上帝是否能造出他也无法举起的重物呢？在我们的逻辑中，无论能与不能，都会引起逻辑上的矛盾，除非我们承认万能的上帝不可能存在。但是我们确实思考了"万能的上帝"这一概念，这是否算是在思考"与逻辑矛盾"的事物呢？在这里我们似乎得到了一种"与逻辑矛盾"的思想，但是这种思想其实被维特根斯坦排除在外了。"**事实的逻辑图像就是思想**"，维特根斯坦在《逻辑哲学论》中提到的思考和言说，都是指有意义的、可以清晰地表达的思想。我们用黑体字标注出这个定义，它和维特根斯坦对于世界的定义一样，对于正确地理解《逻辑哲学论》的思想非常重要。因为我们会倾向于使用思考的更广义的定义，所以需要时刻小心注意。

在《逻辑哲学论》时期，维特根斯坦认为有着先天的思想存在，他如此写道：

3.04 一个先天的真实思想，会是一个它的可能性保证了其真实性的思想。

3.05 只有当一个思想的真实性可以仅由自身（没有另一个比较物）就认识到的时候，它才是先天的为真。

我们需要指出，先天是指逻辑上的在先，不是时间上的在先，因为"先天"在中文里有着与生俱来的意思，所以很容易混淆。时间上的在先很容易理解，逻辑上的在先应该如何理解呢？就是说如果一个东西的真实性不依赖于其他东西的真实性，那么它在逻辑上就是在先的。

什么东西是先天的呢？例如能量守恒定律，我们可以称它为先天正确的吗？即使我们相信它对于我们的世界是正确的，过去、现在、未来都不会改变,但是能量守恒定律依然不能被称为是先天正确的。因为我们可以思考它不正确的可能性,我们可以构造一个能量不守恒的世界,那样一个世界完全可以存在。从这个角度它只是凑巧对于我们的世界是正确的,而不是先天正确的。

维特根斯坦认为逻辑本身是先天正确的,如上所述,因为我们无法非逻辑地思考,所以我们无法思考一个不符合逻辑法则的世界。逻辑对于维特根斯坦来讲是自明的。

四、哲学、科学与显现

西方哲学起源于古希腊，英文词汇 philosophy（拉丁语：philosophia）源于古希腊语中的 φιλοσοφία，意思为"爱智慧"。哲学涵盖的范围曾经很广泛，从数学、自然科学到心理学、语言学、逻辑学，都曾经是哲学家的研究范畴。但是随着现代科学的兴起，很多学科都脱离了哲学，只剩下很小的一部分，我们还认为是哲学的领域。

哲学问题可以分成两类，能用语言描述的，就可以被科学（包括心理学和语言学）研究，即使暂时还没有，也终将会归属于科学的范畴。而不能用语言描述的，就不能付诸理性的思辨，也不是哲学研究的范畴。所以维特根斯坦认为哲学，尤其是形而上学的哲学，是没有研究价值的。

在形而上学的问题上，哲学和宗教都在寻求同一个问题的答案，但是运用的手段不同。哲学是以理性的思辨为基础的，而宗教建立在信仰和神秘体验的基础上。但是理性的思辨，在现代已经大部分归于科学的研究领域，而这逐渐挤压了原来属于哲学的空间。当我们认真研究可说的东西，会发现那些其实都是自然科学的命题。而对于不可说之物，譬如绝对的价值、人生的终极意义等,这些很明显不属于科学的范畴,只能让它们在生活中自然显现。

这就是为什么维特根斯坦认为他在《逻辑哲学论》中解决了所有的哲学问题,对于他来说,哲学已然终结,余下的只有生活与信仰。

具体来说,首先维特根斯坦提出了哲学不是自然科学,它和自然科学研究的目标不同:

4.111
哲学不是自然科学之一。("哲学"一词的意思必须是指在自然科学之上或之下,而不是在自然科学的旁边。)

4.112
哲学的目标是思想的逻辑澄清。
哲学不是一个理论,而是一种活动。
哲学工作主要是澄清。
哲学的结果不是一些"哲学命题",而是使命题变得清晰。
哲学应该使那些本来不透明和模糊的思想变得清晰,并且为它们划分出分明的界限。

维特根斯坦认为哲学应该勾画出可思考的东西和不可思考的东西之间的界限。再一次重复,维特根斯坦在《逻辑哲学论》中提到的思考和言说,都是指有意义的、可以清晰地表达的思想,这条界限是有意义和无意义的界限、逻辑与无逻辑的界限。

4.003

关于哲学已经写出的大部分命题和问题，并不是假的，而是无意义的。因此，我们不可能回答这样的问题，而只能陈述它们的无意义性。大多数哲学家的问题和命题，是不理解我们语言的逻辑之结果。

（它们和这个问题是同一类型的：善是否和美或多或少地等同。）

而且这并不值得惊异，最深刻的问题其实根本不是问题。

这里体现了维特根斯坦特殊的哲学观，那就是哲学是一种澄清的工作，这个工作的目的是消除语言带来的混乱，然后把可以说的归于科学，不可说的归于信仰，在这个意义上就不再有哲学问题的存在。

在本节中，维特根斯坦还提出了一个关键的概念"显现"，而且提出在逻辑和语言之外还有着某些东西存在。在《逻辑哲学论》中，首先讨论的是命题无法表示逻辑形式，因为要表述逻辑形式必须身处逻辑之外。

4.12

命题可以表示所有的现实，但命题不能表示它们必须与现实共同具有的，以便表示现实的东西——逻辑形式。

为了可以表示逻辑形式，我们必须能够把自己和命题置于逻辑之外，那也就是在世界之外。

这里的关键是逻辑命题不能被用来表示逻辑形式，也不可能发展出一门语言来表示逻辑形式。维特根斯坦在给摩尔的笔记中有一段更详细的解释：

> 逻辑上所谓的命题显示了语言的逻辑属性，进而也显示了宇宙的逻辑属性，但是它们什么也没说出来。

> 要说出这些属性是什么，这是不可能的。因为为了这么做，你需要掌握一门语言，而这么做仍然并没有获得这种属性。这应当是一门特设的语言，而这是不可能的。不可能建构一门反逻辑的语言。①

那我们如何可能拥有关于逻辑形式的知识呢？因为逻辑形式可以在命题中显现：

4.121
命题不能表示逻辑形式，逻辑形式在命题中映现自身。
语言不能表示那些在语言中映现自身的东西。
那些在语言中表述自己的东西，我们不能用语言来表述。
命题显现了现实的逻辑形式。
它们展示了它。

维特根斯坦的这个命题并没有得到普遍的公认，例如，在

---

① 恰尔德.维特根斯坦[M].陈常燊，译.北京：华夏出版社，2012.

恰尔德著的《维特根斯坦》一书第 76 页、第 77 页，就陈述了一个常见的反驳。但这是《逻辑哲学论》思想的一个关键环节，因为命题不能"表示"逻辑形式，但是可以"显现"逻辑形式，这一点构成了后面第 6 部分中对于世界、伦理、美学、时间、人生问题等重要问题讨论的基础。在第二讲第 3 节我们有着更多关于显现的讨论，可供参考。"显现"的成立与否其实和以上关于逻辑形式的讨论并没有绝对的联系。

五、我是世界的界限

第 5 部分中维特根斯坦区分了因果关系和逻辑关系的不同。因果关系不是一种推理,未来是不可能从因果关系中推理出来的:

5.1361
未来的事件不能从现在的事件推理出来。
相信因果关系是一种迷信。

而逻辑则是先天的,它可以支持自身的存在:

5.473
逻辑必须照顾自身。

这句话反映了维特根斯坦在这个时期认为逻辑是绝对的。他在这里用了一个绝对的语气来描述逻辑,这样的句式在《逻辑哲学论》中比比皆是,它们代表了维特根斯坦当时对于逻辑的类似信仰的坚信。逻辑对于他来说是绝对的、必然的、客观的、无条件自洽的、自明的,和经验截然分开。

维特根斯坦经常把语言和逻辑交织在一起陈述,例如:

5.6
我的语言的界限意味着我的世界的界限。
5.61
逻辑充满了世界,世界的界限也是逻辑的界限。

因为在《逻辑哲学论》之中,维特根斯坦认为语言在逻辑上是完全有序的,他在这里给出的就是完整具体的关于语言的真理。

5.5563
我们口头语言的所有命题,实际上就如它们的样子,在逻辑上是完全有序的。我们在这里应该给出的简单事实不是真理的模型,而是完整的真理本身。
(我们的问题不是抽象的,也许是具体的。)

这一种简单抽象的语言理论,在维特根斯坦后期的代表作《哲学研究》中以一种更接近于日常生活的语言理论代替。那种新的语言理论我们会在下一讲中讨论。

这部分的另一个重点是唯我论,语言和逻辑是世界的界限,而我也是世界的界限,甚至可以说我即世界:

5.63
我是我的世界。(小宇宙。)
5.631
那个思想着、表现着的主体,没有这样的东西。

如果我写了一本书《我所发现的世界》，我也应该在其中描述我的身体，说哪些部分服从我的意愿，哪些不服从，等等。这将是一种隔离主体的方法，或者在一个重要的意义上显示了没有主体。也就是说，单独的主体在这本书中不可能被提及。

5.632
主体不属于世界，但它是世界的界限。

有人可能会有这样的疑问："笛卡儿说我思故我在，那么这个思想着、表现着的主体必须存在，怎么可以说没有这样的东西呢？"其实维特根斯坦在下面这句话里说得很清楚："单独的主体在这本书中不可能被提及。"它并不是不存在，只是不能被说出，这个主体不属于逻辑世界。有人可能又要反对："主体是可以被说出的，我们可以描述自己的很多特征，我们可以研究我们自己。"但是我们可以描述的"我"，并不是那个思想着、表现着的主体，而是一个作为客体的我，也就是从他人的角度观察到的"我"。即使是我们在想着自己时，我们想的也是这个作为客体的我，而无法思考那个作为主体的我，所以作为主体的我是无法被思考和描述的。这种作为主体的我不是心理学或者生物学上的我，而是形而上学的主体。

5.641
因此，在哲学中我们可以用非心理学的方式来谈论自我。

我通过"世界是我的世界"这个事实，在哲学中出现。

哲学中的我不是人，不是心理学所处理的人的身体或人的灵魂，而是形而上的主体，是界限——而不是世界的一部分。

作为心理学或者生物学上的我，也就是我作为科学的研究对象，这个我是一个作为客体的我。例如，这个我是没有自由意志的，是受外界影响而改变的一个物质的集合。但是要思考这样一个客体的我，或者说要思考世界上任何的现象，必须基于主体对世界的体验，我的世界中的一切都是我的体验。基于我作为主体的体验来把我作为一个客体来研究，再用得到的结论来否定我作为主体的存在，总是给人本末倒置的感觉。哲学中谈论的我，就是那个作为主体的我，因为我的世界中的一切都来自作为主体的我的体验，所以说我是世界的界限。

六、不可说的确实存在

维特根斯坦认为所有逻辑命题都是重言式。重言式又翻译成套套逻辑，就是说只是简单地重复做一个完全等同的陈述，没有说出任何新的信息。重言式又是永真式，也是就是说依据逻辑，可以从几个前提推理出来的所有命题。当前提为真时，这些命题永远是真的，所以这些命题都互为重言式。

但是自然规律并不是重言式。自然规律基于因果律，因果律并不是逻辑定律，因果律可能是错误的。他认为存在一个永真的自然规律本身其实是一种基于经验的信仰，而不是一个必然的、显明的真理。因此，逻辑显示了自身，基于因果律的自然规律则不能说显示了自身。

6.36
如果有因果律存在，这可能是对的："存在自然规律。"
但是，这显然不能被说成：它显示了自身。

自然规律是自然现象的规律，但不是对自然现象的解释，自然规律的作用是预测未来，可以预测未来会为人们带来很多的便利，但是认识到自然现象的规律是什么，与解释自然现象并没有任何关联性。就好像一个人每天早上醒来，晚上睡觉，他的行为遵从这个简单的规律，我们掌握了这个规律就可以预测这个人在明天还是会早上醒来，晚上睡觉。但是知道这个规律对于解释这个人的行为并没有什么帮助。

6.371
整个现代世界观的基础是建立在一个错觉之上，即所谓的自然法则是对自然现象的解释。

因为了解自然法则让人类获得了前所未有的力量，而有些力量在过去的世代是只有神祇才可以拥有的。于是当今的人类把当初给予神祇的不可侵犯的地位，转而给予了自然规律。

6.372
因此，今天的人们停留在自然规律上，给予它们不可侵犯的地位，就好像在过去的年代里神和命运的地位。

实际上两者都是正确的，也都是错误的。然而，古代人的观点更加清晰，因为他们有着一个清晰而且被承认的终点，而现代系统试图让一切看起来都被解释了。

从相信科学的意义上，自然规律不可侵犯是正确的，但是这也只是一种相信，并不是绝对的正确。但是古人给予神祇的不可侵犯性是明显的信仰，而现代人却误认为自然规律的不可侵犯性是理性的解释，而忽略了这也不过是一种信仰。

虽然维特根斯坦不认为科学和自然规律是神圣不可侵犯的，但他并不认为一个人的意志可以改变自然规律，改变世界。

6.373
世界独立于我的意志。

6.374
即使我们意愿的都会发生，这仍旧可以仅仅是，可以这么说，命运的恩宠，因为在意志和世界之间没有逻辑性的连接可以保证这一点，而那假定的物理连接自身显然不是我们意志的产物。

在这里维特根斯坦指出了常人的一个误区，就是如果我们意愿的事发生了，甚至经常地发生，我们会以为这是我们意志所导致的。其实这只是概率上的巧合，因为我们的意愿和一件事情发生之间，非但没有任何逻辑关系，也没有任何物理连接。

由 6.41 开始，维特根斯坦开始讨论一些似乎应该属于不可说的东西：世界的意义、伦理、美、永恒的视角、不在时间之中，等等。

首先是"世界的意义必然在世界之外"，我们在第二讲第二节中讨论过这个观点。维特根斯坦的原文如下：

6.41

世界的意义必然位于世界之外。在世界中一切如它所是而是，一切都如它所发生而发生：在它其中没有价值存在——如果假设它确实存在，它必然没有任何价值。

如果存在具有价值的价值，它必须位于所有发生之外，且是如此的①。因为所有发生和存在，都是偶然的。

那使得它不是随机的东西，不能位于世界之内，因为如果它在世界之内，它本身就又是随机的。

它必然位于世界之外。

然后引出了不可能有伦理的命题这个结论：

6.42
因此也不可能有伦理的命题。
命题不能表达任何更高的东西。

6.421
很显然，伦理学不能被表述为言辞。
伦理学是超越的。
（伦理学和美学是同一的。）

在本书第五讲收录的《一次关于伦理学的演讲》一文中，维特根斯坦为这段话做了详细的解释，这里也不再赘述，可以

---

① 参见维特根斯坦《逻辑哲学论》开篇对世界的定义："世界是一切，是如此的一切。"

参看第五讲。

世界独立于我的意志，但我的意志还是可以改变世界，只是它改变不了世界的客观部分，也就是无法改变事实，可以改变的是属于主体之我的部分，也就是世界的界限。下面这段话要和 6.373、6.374 互读。

6.43

如果好的或坏的意志改变了世界，它只能改变世界的界限，而不能改变事实，也不能改变可以由语言来表达的东西。

简而言之，世界必然在各方面都变得完全不同，它只能作为一个整体而盈亏。

快乐者的世界完全不同于不快乐者的世界。

这段文字一般翻译成"善的或恶的意志"，我选择了好坏，因为这里并没有一丝的善良或邪恶。好与坏有着道德上的相对含义，但是维特根斯坦一直是在绝对的意义上使用这两个词。相对的好与坏只是利益的考量，其中并没有绝对的价值，而绝对的好与坏必须基于绝对的价值，而这种绝对的意志才能带来世界的消长。

好的意志可以让人洞见到额外的东西，譬如绝对意义上的伦理和绝对意义上的美，恶的意志洞见不到绝对的意义，所以善的世界相对于恶的世界是增长的，但是这个增长并不影响可以用语言表达的东西，也就是不改变逻辑空间里的事实。这种洞见是一种在逻辑世界之外的神秘洞见。

维特根斯坦在"一战"中志愿参军，在服役期间写了很多笔记，其中的部分后来集成了《战时笔记》一书。其中有一大段讲幸福者的世界。维特根斯坦的幸福不是普通意义上的幸福，不是指富有、事业成功或者家庭美满之类的幸福，而是指不在时间里的、不再有疑惑的一种生活，只有不在时间里活着，才是真正的幸福。下面一段文字是《战时笔记》中1916年6月和7月的几段笔记，因为对于理解《逻辑哲学论》的思想很有帮助，摘录如下。

1916年6月11日

关于上帝和人生的目标我知道些什么？

我知道：这个世界是存在的。

我位于它之中，就如同我的眼睛位于它的视野中一样。

关涉它的某种东西，我们称作其意义的东西，是成问题的。

这个意义不在它之内，而在它之外。

生命就是世界。

我的意志弥漫于世界。

我的意志是善的或恶的。

因此，善和恶是以某种方式与世界的意义联系在一起的。

我们可以将人生的意义，即世界的意义，称作上帝。

将上帝比作父亲的比喻是与此密切相关的。

祈祷就是思考人生的意义。

我不能按照我的意志驾驭世界中的事情；相反，我是完完全全软弱无能的。

只有经由如下方式我才能使我独立于世界——因此在某种

意义上说的确控制了它：我放弃对事情的任何影响。

1916年7月5日

世界是独立于我的意志的。

即使我们所希望发生的所有事情都发生了，这当然也可以说只是命运的一种恩赐。因为它可以为此提供保证的那种意志和世界之间的逻辑关联根本就不存在，而假定的那种物理的关联当然也不是我们自己所能随心所欲的。

如果意志的善的行使或恶的行使影响到了世界，那么它们只能影响到世界的界限，且不能借助于语言加以描述而只能被显示在语言之中的东西，而不能影响到事实。

简而言之，这时世界必定由此而成为一个完全不同的世界。

可以说，它必定作为一个整体而增长或缩小。正如经由一个意义的添加或略去一样。

也如在死亡时世界并没有发生改变，而是停止存在一样。

1916年7月6日

在这样的意义上，陀思妥耶夫斯基的如下说法当然也是正确的：实现了生存的目标的人是幸福的。

或者，人们也可以这样说：这样的人实现了生存的目标，他除了活着之外不再需要任何目标。因为这就意味着，他知足。

人们在人生问题的消失之中看出了这个问题的解答。

但是，人们可以这样生活，以至于人生不再成为问题吗？人们生活于永恒之中，而非时间之中？

1916年7月7日

这点难道不就是如下情形的原因吗？——长久以来一直对人生意义持怀疑态度的人，当他们终于弄清楚了人生的意义之后，他们却不能说出这个意义是什么。

如果我能够设想"某类对象"，却不知道是否存在着这样的对象，那么我必然已经为我构造出了它们的初像。

力学方法难道不正是以此为基础的吗？

1916年7月8日

相信某个上帝就意味着理解了人生意义的问题。

相信某个上帝就意味着看到了并非一切事情都经由世界中的事实而获得了最终的解决。

相信上帝就意味着看到了人生是有意义的。

对于我来说，世界是已然存在的东西。这也就是说，我的意志完全是从外部面对着世界的，如同面对着某种已经完成了的东西。

（至于我的意志是什么，我还是不知道。）

正因如此，我们有这样的感觉：我们依赖于一个外在的意志。

无论事情是什么样的，无论如何在某种意义上我们是有依赖性的，我们可以将我们所依赖的东西称作上帝。

在这种意义上，上帝就是命运，或者，换言之：独立于我们的意志的世界。

我可以使我独立于命运。

存在着两种神性：世界和我的独立的我。

我或者是幸福的，或者是不幸福的，这就是事情的全部。人们可以说：并不存在善或恶。

幸福的人不应怀有任何恐惧，甚至在面对着死亡时也是这样。

只有不生活于时间之中而生活于现在之中的人才是幸福的。

对于处于现在之中的生命而言没有死亡。

死亡不是生命中的任何事件，它并不是世界中的任何事实。

如果人们不将永恒理解为无穷的时间延续，而将其理解为非时间性，那么人们可以说生活于现在之中的人永恒地生活着。

为了生活于幸福之中，我就必须与世界保持一致。而这当然就是所谓"是幸福的"一语的意义。

这时，我便可以说与那个外在的意志——看起来我是依赖于它的——取得了一致。这也就是说："我履行了上帝的意志。"

惧怕死亡是错误的，也是坏的生活的最好的标志。

如果我的良心使我心绪不宁，那么我便与某种东西发生了不一致。但是，这种东西是什么？它是世界吗？

如此说法毫无疑问是正确的：良心就是上帝的声音。

比如，我伤害了某人一事萦绕于我的心际，这点使我不得幸福。这就是我的良心吗？

人们可以这样说吗？——"按照你的良心行事，无论它是什么样的？"

幸福地生活吧！

把下面几段《逻辑哲学论》里的段落和上面几段笔记相互对照，我们会看到维特根斯坦简洁文字背后的一些思考。

6.4311
死亡不是生活中的事件，死亡不能被活过。
如果不把永恒理解为无限的时间延续，而是无时间性，那么活在此刻的，也就永远活着。
我们的生命是没有终点的，正如我们的视野没有任何界限。

6.4312
人类灵魂在时间上的不朽，也就是说死后的永远存在，不仅不能被保证，而且这个假设也完全不可能实现我们一直试图让它为我们实现的事。我的永远存在可以解决一些谜语吗？这个永生难道不是像我们当下同样的迷惑吗？时空之中生命之谜的解答在时间和空间之外。

（这不是一个自然科学的问题，但是需要被解决。）

6.432
世界是如何的，更高的存在完全无动于衷。上帝不在世界中显露自己。

6.44
世界如何，不是神秘的，神秘的是世界存在。

6.45
从永恒视角对于世界的沉思是把它作为一个有限之整体的沉思。
世界是一个有限之整体的感觉是神秘的。

在私人笔记之中，维特根斯坦更加坦白地显露了他的思想之深层充满着宗教的色彩，而在宗教之下则是生活，每个人依照自己的良心，无论它是怎样的，去"幸福地生活"。这种表述表面看起来很像心灵鸡汤和廉价神秘主义的结合体，一直对于清晰有着执着追求的维特根斯坦是依据什么样的理由在说这些话呢？他是得到了一种神秘的宗教启示吗？维特根斯坦在生活中的表现确实有着一种圣徒的特质，例如异常简朴的生活、对于钱财和享乐的轻视，等等。这让很多人把维特根斯坦看作一个得到了启示的圣徒，而忽略了他宗教感的来源不是圣灵或上帝的启示，而是维特根斯坦称为"显现"的概念。

在理解维特根斯坦所说的"神秘""幸福"这些概念的时候，他表述的并不是这些词汇通常的含义。这也是他为何一再地提及：只有已经有过类似思想的人，才能真正读懂这本书。

七、在无法言说之处，人必须沉默

第七节只有一句话，这句还有一种翻译成"对无法言说之物，应保持沉默"。德语原文是"Wovon man nicht sprechen kann, darüber muss man schweigen."英语译文是"Where of one can not speak, there of one must be silent."可以看出原文并没有保持之意，最直接的翻译应该是"在无法言说之处，人必须沉默"。

维特根斯坦这里说的"沉默"引起了很多疑问。如果从字面理解"沉默"，那么维特根斯坦在《逻辑哲学论》之中，尤其是6.4之后，是否违背了"必须沉默"的信条呢？在他的私人笔记中，在和朋友的通信中，谈论了很多关于人生、文化、宗教的东西，那些是否也违背了"必须沉默"的信条呢？而且一个人如何可能完全对于无法言说的东西保持沉默呢？这种沉默是否意味着不能说任何关于伦理学、美学、宗教信仰的东西呢？那么人类的各种作品，是否全都不应该被写下呢？

我个人对于"沉默"的理解是不可以为了言说而言说，但是把言说当作生活的一部分，或者反映了生活的时候，那并不算打破了沉默。"不可说的东西"只通过言说是无法被表达的，但是它可以在生活中显现。例如一首诗歌、一篇小说，它们反映了生活，这样的言说就是生活的镜像，好的艺术品可以显现那些在生活中显现的"不可说的东西"。而一场交谈、一封信、一次布道，这些言说都是生活的一部分，而"不可说的东西"是在生活之中显现，自然也显现在这些话语中，这些言说其实都在"沉默"之中。

八、《逻辑哲学论》原书序言

也许只有那些自己已经有过书中表达的思想，或至少有过相似思想的人，才能读懂这本书。所以它不是一本教科书——如果它能给一个阅读并理解它的人以乐趣，那么它的目的就达到了。

这本书涉及哲学的问题，并且我相信它展示了这些问题产生的原因，那是因为我们语言的逻辑被误解。这本书的整体意义可以总结成这样一句话：所有可以说的都可以被清晰地说，那些不能被说的我们必须付诸沉默。

因此，这本书的目的是勾画思想的界限，或者说——不是思想，而是思想的表达：为了能够勾画一个思想的界限，我们应该必须发现界限的两边都是可以被思考的（即我们应该能够思考那些不能被思考的）。

因此，只有在语言中的界限才可以被勾画，处于界限另一边的东西将是完全无意义的。

我不想判断我的努力与其他哲学家的努力有多少暗合之处。事实上，我不声称我在这里写的所有细节都是崭新的，而我没有给出来源的原因是：我完全不重视这些想法是否已经由别人预先提出过。

我只会提到，我感激弗雷格的伟大作品和我的朋友伯特兰·罗素的文章激发了我的思想。

如果这项工作有任何价值，它包括两件事：一方面，思想在其中的表达，在这个意义上，思想表达得越好——钉子头被精确击中次数越多，它的价值就越大。——在这里我意识到我距离可能达到的还差得很远，只是因为我的力量相比于这个任务的达成来说太不足够了。可能会有其他人来做，而且做得更好。

另一方面，这里传达的思想之真实性似乎对我来说是不可质疑而且确定性的。因此，我相信自己在所有本质性的要点上，发现了那些问题的最终解答。而如果我在这个信念上没有搞错的话，组成这项工作的第二件事就是，它显示了当这些问题被解决时，所得到的东西是多么少。

九、《逻辑哲学论》选译

1
世界是一切，是如此的一切。

1.1
世界是事实的全体总和，而不是事物的全体总和。

1.11
世界是由事实，并且是所有的事实所决定的。

1.12
因为事实的全体总和，即决定了所有是如此的，也决定了所有不是如此的。

1.13
在逻辑空间中的事实就是世界。

1.2
世界被分为事实。

1.21
任何一个或者是如此的，或者不是如此的，其他一切则仍旧不变。

2

那些是如此的事实，是原子事实的存在。

2.01

一个原子事实是对象（实体、事情）的组合。

2.011

事情的本质在于，它可以是原子事实的组成部分。

2.012

在逻辑中没有什么是偶然的：如果一件事情可以在原子事实内发生，那么原子事实的可能性，必须已经被那件事情预先断定。

2.063

全部的现实就是世界。

2.1

我们为自己做出事实的图像。

2.11

这个图像表述了逻辑空间中的事实，原子事实的存在或者不存在。

2.12

这个图像是现实的模型。

2.141

这个图像是一个事实。

2.182

每一个图像也都是一个逻辑图像。（在另一方面，举例来说，不是每一个图像都是空间图像。）

2.19

逻辑图像可以描绘世界。

3

事实的逻辑图像就是思想。

3.001

"一个原子事实是可思的"——意味着：我们可以想象它。

3.01

为真的全部思想是世界的一幅图像。

3.02

思想包括它思考之事态的可能性。可思的也就是可能的。

3.03

我们不能思考任何非逻辑的事，不然我们就必须非逻辑地思考。

3.031

曾经有人说，上帝可以创造所有事物，只要不违背逻辑规则。事实是，我们甚至不能说出一个"非逻辑"的世界看起来是什么样子。

3.032

在语言里表述任何"与逻辑矛盾"的事物，是不可能的，就好像在几何中用坐标表述一个图像却违反空间规则；或者给予一个不存在的点以坐标。

3.0321

我们可以在空间上表述一个违反物理规则的原子事实，但是没有人可以在此情况下违反几何规则。

3.04

一个先天的真实思想是一个它的可能性保证了其真实性的思想。

3.05

只有当一个思想的真实性可以仅由自身（没有另一个比较物）就认识到的时候，它才是先天的为真。

3.1

在命题中，思想通过感官被可感知地表达。

3.11

在命题中我们使用由感官得到的可感知的符号（声音或者书写的符号等）作为可能事态的一种投影。投影的方法是对于命题意义的思考。

3.12

那些我们表述思想的符号，我称为命题符号。命题就是在和世界的投影关系中的命题符号。

3.332

没有命题可以对于自己说些什么，因为命题符号不能包含在它自己之中。

3.34

一个命题同时具有本质的和偶然的特征。偶然的特征源于产生命题符号的特有方式，本质的特征则是自身就可以表述命题意义的东西。

4

思想是富有意义的命题。

4.001

命题的总和是语言。

4.002

人拥有组建语言的能力，在其中一切意义都可以被表达，而不必知道一个想法中每个词的意思——就好像一个人说话却不知道每一个声音是如何产生的。

口语语言是人类有机体的一部分，并且复杂程度不低于它。

从它之中，人不可能立即获取语言的逻辑。

语言掩盖了想法，正因如此，我们从衣服的外观中无法推断衣服之下思想的形状，因为衣服的外形是完全被另一种东西组建而成的，这种东西的目的不是为了显示身体的形状。

为了理解口语而产生的种种默契具有庞大的复杂性。

4.003

关于哲学已经写出的大部分命题和问题，并不是假的，而是无意义的。因此，我们不可能回答这样的问题，而只能陈述它们的无意义性。大多数哲学家的问题和命题，是不理解我们语言的逻辑之结果。

（它们和这个问题是同一类型的：善是否和美或多或少地等同。）

而且这并不值得惊异，最深刻的问题其实根本不是问题。

4.01

命题是现实的一幅图像。

像我们想象的那样，命题是一个现实的模型。

4.11

真命题的总和就是整个自然科学（或自然科学的整体）。

4.111

哲学不是自然科学之一。（"哲学"一词必须是指在自然科学之上或之下，而不是在自然科学的旁边。）

4.112

哲学的目标是思想的逻辑澄清。

哲学不是一个理论，而是一种活动。

哲学工作主要是澄清。

哲学的结果不是一些"哲学命题"，而是使命题变得清晰。

哲学应该使那些本来不透明和模糊的思想变得清晰，并且为它们划分出分明的界限。

4.1121

心理学并不比其他自然科学更接近哲学。

认识论是心理学的哲学。

我对符号语言的研究不是对应于哲学家认为对逻辑哲学如此重要的思维过程的研究吗？只是他们大部分时间纠缠在非必要的心理调查之中，而我的方法也有类似的危险。

4.1122

达尔文理论与任何其他自然科学的假设一样与哲学无关。

4.113

哲学划定自然科学可以争论的范围。

4.114

它应该限制可思考的，进而限制不可思考的。

它应该从可思考的之中，进而限制不可思考的。

4.115

它通过清晰地显示可说的，进而意味着不可说的。

4.116

一切只要可以被思考的东西，都可以被清楚地思考。一切可被言说的东西，都可以被清楚地言说。

4.12

命题可以表示所有的现实，但命题不能表示它们必须与现实共同具有的，以便表示现实的东西——逻辑形式。

为了可以表示逻辑形式，我们必须能够把自己和命题置于逻辑之外，也就是在世界之外。

4.121

命题不能表示逻辑形式：逻辑形式在命题中映现自身。

语言不能表示那些在语言中映现自身的东西。

那些在语言中表述自己的东西，我们不能用语言来表述。

命题显现了现实的逻辑形式。

它们展示了它。

4.1212

那些可以被显现的东西，不能被说出。

5

命题是基本命题的真值函数。

（一个基本命题是自身的真值函数。）

5.13

一个命题的真值来自其他命题的真值，我们可以从命题的结构中感知到。

5.132

如果 p 源自 q，我可以从 q 得到结论 p，从 q 推断出 p。

推理的方法应从两个命题单独理解。

只有它们自己才能证明推理的正当性。

推理法则，正如弗雷格和罗素所说——是为了证明结论，那是无意义且多余的。

5.133

所有的推理都先天地发生。

5.134

一个基本命题不能从另一个基本命题推理出来。

5.135

绝不能从一种事态的存在，推理出另一种完全不同的事态的存在。

5.136

没有因果关系能使这种推理合法化。

5.1361

未来的事件不能从现在的事件推理出来。

相信因果关系是一种迷信。

5.1362

自由意志在于现在不可能知道未来的行动。仅当因果关系和逻辑推理一样是内在的必要性时，我们才能知道未来。——知识的联系和已知的东西是逻辑上必然的。

（如果 p 是重言式，"A 知道 p 是如此的"是无意义的。）

5.471
命题的一般形式是命题的本质。

5.4711
给出命题的本质意味着给出所有描述的本质，因此也就是世界的本质。

5.473
逻辑必须照顾自身。

一个可能的符号也必须能够表示。所有在逻辑中可能的也都是允许的。（"苏格拉底是相同的"没有意义，因为没有属性被称为"相同的"。这个命题是无意义的，是因为我们没有做出某种任意的判定，并不是因为符号本身是不允许的。）

在某种意义上，我们不可能在逻辑中犯错误。

5.4731
罗素曾说过，很多次的自明性只能通过语言在逻辑中被扬弃，而语言可以防止任何一个逻辑错误。逻辑是先天的，因为我们不能以不合逻辑的方式思考。

5.4732
我们不能给一个符号错误的意义。

5.47321
奥卡姆的剃刀当然不是一个任意的规则，也不是因为在实践中成功才具有合理性。它只是说，符号系统中不必要的元素没有任何意义。

用于一个目的之符号在逻辑上是等效的，不起作用的符号在逻辑上是无意义的。

5.5563

我们口头语的所有命题,实际上就如它们的样子,在逻辑上是完全有序的。我们在这里应该给出的简单事实不是真理的模型,而是完整的真理本身。

(我们的问题不是抽象的,也许是最具体的。)

5.557

逻辑的应用决定了什么是基本命题。

逻辑无法预料它的应用之中包含了什么。

很明显,逻辑不可以与其应用冲突。

但逻辑必须与其应用接触。

因此,逻辑与应用不可以相互重叠。

5.5571

如果我不能先验地提出基本命题,那么要列举它们就必定会导致明显的无意义。

5.6

我的语言的界限意味着我的世界的界限。

5.61

逻辑充满了世界,世界的界限也是逻辑的界限。

因此,我们在逻辑上不能说:这个和这个在世界上存在,那个不存在。

因为这显然预先假定我们排除了某些可能性,但这是不可能的,否则逻辑必须超出世界的界限:也就是说,这假设了逻辑可以从另一角度考虑这些界限。

我们不能想那些我们不能想的东西,因此我们不能说那些我们不能想的东西。

5.62

这段话提供了一个问题的钥匙,在多大程度上唯我论是一个真理。

事实上,唯我论的意义是相当正确的,只有它不能被说出,但它显示自己。

"世界是我的世界"显示在这个事实里:语言的界限(我所理解的语言)意味着我的世界的界限。

5.621

世界和生活是同一的。

5.63

我是我的世界。(小宇宙)

5.631

那个思想着、表现着的主体,没有这样的东西。

如果我写了一本书《我所发现的世界》,我也应该在其中报告我的身体,说哪些成员服从我的意愿,哪些不服从,等等。这将是一种隔离主体的方法,或者在一个重要的意义上显示了没有主体。也就是说,单独的主体在这本书中不可能被提及。

5.632

主体不属于世界,但它是世界的界限。

5.633

在世界上,哪里可以找到形而上的主体?

你说这种情况好像眼睛和视野,但是你真的看不到眼睛。

无论依据视野中的任何东西,都无法得出这是从眼睛中看到的结论。

5.634

这与这个事实有关：我们经验中也没有任何部分是先天的。

我们看到的一切也可以是其他样子的。

我们可以描述的一切也可以是其他样子的。

事物之秩序不是先天的。

5.64

在这里我们看到，唯我论严格地与纯粹现实一致。在唯我论中的自我缩小到一个不能扩展的点，并且仍然存在与之协调的现实。

5.641

因此，在哲学中我们可以用非心理学的方式来谈论自我。

我通过"世界是我的世界"这个事实，我在哲学中出现。

哲学中的我不是人，不是心理学所处理的人的身体或人的灵魂，而是形而上的主体，是界限——而不是世界的一部分。

6.1

逻辑命题是重言式。

6.11

因此逻辑命题什么也没说。（它们是分析命题。）

6.12

逻辑命题是重言式这一事实，显示了形式上的——逻辑的——语言和世界的性质。

它的组成部分以相互关联的方式，赋予了它组成部分的逻辑一种重言式的特征。

为了如此的命题组成结构可以是重言式，它们的结构就必须具有某些确定的特性。它们如此相互联系时是重言式，说明了它们的结构具有这些特性。

6.1222

这让以下问题变得更清晰：为什么逻辑命题既不能被经验证实，也不能被经验反驳。一个逻辑命题不仅必须不能和任何可能的经验相矛盾，而且也不可能被任何经验证实。

6.1223

现在这变得很清楚，为什么我们常常觉得"逻辑真理"是我们"假设"的：我们只可以假设它们，就好像我们可以假设一个恰当的符号。

6.1224

现在也很清楚为什么逻辑被称为形式和推理的理论。

6.123

显然，逻辑法则自身不能再次服从逻辑法则。

（并没有一个像罗素所认为的，对于每一个"类型"有特殊的矛盾律，而是一个就足够，因为它不应用于自身。）

6.1231

逻辑命题的特征并不是普遍性。

具有普遍性只是偶尔适用于所有的东西。一个非普遍性的命题和一个普遍性的命题一样可以是重言式的。

6.1232

我们可以把逻辑的普遍成立性称为本质的，而不是随机的，例如"所有的人都会死"。像罗素的"还原公理"这样的命题不是逻辑命题，这解释了我们的感觉：如果属实，它们只能通过一个碰巧的机会是真实的。

6.1233

我们可以想象一个还原公理无效的世界。但很显然，逻辑和我们世界其实是这样的还是那样的没有关系。

6.124

逻辑命题描述了世界的脚手架，或者更确切地说，它们呈现了世界，它们没有"处理"任何事。它们预设了名字有着含义，而基本命题具有意义，这是它们与世界的连接。很显然，符号的某些组合——基本上有一个明确的特征——是重言式这个事实，必然表现出了一些关于世界的东西。这里是关键的一点。我们说，在我们使用的符号中，有些是随意的，有些不是。在逻辑之中只有这个在表示，但是这个说明了，在逻辑之中不是我们在利用符号表示我们想要的，而是在逻辑之中，本质上必须是符号的自然本身所断言的：如果我们知道任何符号语言的逻辑语法，那么所有的逻辑命题都已经给出。

6.1251

因此，在逻辑之中永远没有令人惊奇的东西。

6.127

所有的逻辑命题都是平等的，没有某些是本质的原始命题，而其他本质上是派生命题。

每个重言式本身都显示了它是一个重言式。

6.13

逻辑不是一个理论，而是世界的反映。

逻辑是超越的。

6.2

数学是逻辑的方法。

数学命题是等式，因此是伪命题。

6.21

数学的命题不表达任何思想。

6.211

在生活中，从来就没有一个我们需要的数学命题，但是我们用数学命题只是为了从那些不属于数学的命题推导出其他同样不属于数学的命题。

（在哲学中那个问题是："我们为什么确定使用那个词、那个命题？"经常会引导到有价值的结论。）

6.22

逻辑命题在重言式中显现世界的逻辑，数学在等式中显现世界的逻辑。

6.3

逻辑研究的含义是对于所有规律性的调查。逻辑之外都是意外。

6.31

所谓的归纳法在任何情况下都不是一个逻辑法则，因为它显然是一个有意义的命题。——因此它不可能是一个先天的法则。

6.32

因果律不是法则，而是法则的形式。

6.33

我们不是先天地相信守恒律，但我们先天地知道一种逻辑形式的可能性。

6.34

所有这些命题，像因果律、自然中的连续性原理、自然中的最小做功原理，等等，这些都是关于科学命题可能形式的先天直觉。

6.341

例如牛顿力学，为世界的描述带来了一种统一的形式。让我们想象一个有着不规则的黑点的白色表面。我们现在说：如果我用足够精细的方形网格覆盖这个表面，然后说出每一个方形是白的还是黑的，那么无论表面上的图案是什么，我总可以任意接近地来描述。使用这种方法我为这个表面的描述带来了一种统一的形式。这种形式是随意的，因为我同样可以使用一个三角形或者六边形的网格，也会很成功。甚至我们可能使用三角形网格会更简单一些，也就是说，可以运用较粗的三角形，比较密的正方形，对表面进行更准确的描述（或反之亦然），等等。对应不同网络的是描述世界的不同系统。力学如此确定描述的形式：描述世界的所有命题必须从一些特定命题——机械公理——中以特定的方式来获得。因此，它提供了建筑科学大厦的砖块，并说：无论建筑要如何矗立，你必须用且仅用这些砖块以某种方式建造它。

（就好像在数字系统中可以写下任意的数字，在力学系统中你必然能够写下任意的物理学命题。）

6.36

如果有因果律存在，这可能是对的："存在自然规律。"
但是，这显然不能被说成：它显示了自身。

6.361

用赫兹的术语我们可能会说：只有符合规律的联系是可以被思考的。

6.3611

我们不能把任何一个过程和"时间的流逝"相比较——这是不存在的——仅能与另一个过程相比较（例如时针的运动）。

因此，时间序列的描述仅仅当被另一个过程来支持时才是可能的。

6.362

可以描述的，就有可能发生，而被因果律排除的东西，它甚至不能被描述。

6.363

归纳的过程是假设最简单的，且可以和我们经验相协调的法则。

6.3631

然而，这个过程并没有逻辑上的基础，只有心理上的基础。

很显然，没有理由相信最简单的情况会真正地发生。

6.36311

太阳明天将升起，是一个假设。那就是说，我们不知道它是否会升起。

6.37

一件事必须要发生，因为另一件事已经发生了，这样的必要性是不存在的。这里仅存在一个逻辑必要性。

6.371

整个现代世界观的基础是建立在一个错觉之上,即所谓的自然法则是对自然现象的解释。

6.372

因此,今天的人们停留在自然规律上,给予它们不可侵犯的地位,就好像在过去的年代里神和命运的地位。

实际上两者都是正确的,也都是错误的。然而,古代人的观点更加清晰,因为他们有着一个清晰而且被承认的终点,而现代系统试图让一切看起来都被解释了。

6.373

世界独立于我的意志。

6.374

即使一切我们意愿的都会发生,这仍旧仅仅是,可以这么说,命运的恩宠。因为在意志和世界之间没有逻辑性的连接可以保证这一点,而那假定的物理连接自身显然不是我们意志的产物。

6.375

就好像唯一存在的必要性是逻辑的必要性,唯一存在的不可能性也是逻辑的不可能性。

6.4

所有命题是具有同等价值的。

6.41

世界的意义必然位于世界之外。在世界中一切如它所是而是,一切都如它所发生而发生:在它其中没有价值存在——如果假设它确实存在,它必然没有任何价值。

如果存在具有价值的价值,它必须位于所有发生之外,且是如此的。因为所有发生和存在,都是偶然的。

那使得它不是随机的东西,不能位于世界之内,因为如果它在世界之内,它本身就又是随机的。

它必然位于世界之外。

6.42

因此也不可能有伦理的命题。

命题不能表达任何更高的东西。

6.421

很显然,伦理学不能被表述为言辞。

伦理学是超越的。

(伦理学和美学是同一的。)

6.422

当一个如此形式的伦理法则被制定,"你应……",人们的第一个想法就是,"如果我不这样做会如何?"然而,这是显然的,伦理与通常意义上的惩罚和奖励没有关系。因此,我们关于行动之后果的问题必然是不重要的。——至少那些后果不应该是事件。因为关于我们提出的问题,其中必须有些正确的东西,必须有某种伦理上的奖励和伦理上的惩罚,但它们必须存在于行动自身之中。

(而这也很清楚,奖励必须是愉快的,惩罚则是不愉快的。)

6.423

意志作为伦理学的主题,是不可能被言说的。

而意志作为一种现象只有心理学才感兴趣。

6.43

如果好的或坏的意志改变了世界，它只能改变世界的界限，而不能改变事实，也不能改变可以靠语言来表达的东西。

简而言之，世界必然在各方面都变得完全不同，它只能作为一个整体而盈亏。

幸福者的世界完全不同于不幸者的世界。

6.431

死亡之时，世界并没有改变，而是到达终点。

6.4311

死亡不是生活中的事件，死亡不能被活过。

如果不把永恒理解为无限的时间延续，而是无时间性，那么活在此刻的，也就永远活着。

我们的生命是没有终点的，正如我们的视野没有任何界限。

6.4312

人类灵魂在时间上的不朽，也就是说死后的永远存在，不仅不能被保证，而且这个假设也完全不可能实现我们一直试图让它为我们实现的事。我的永远存在可以解决一些谜语吗？这个永生难道不是像我们当下同样的迷惑吗？时空之中生命之谜的解答在时间和空间之外。

（这不是一个自然科学的问题，但是需要被解决。）

6.432

世界是如何的，更高的存在完全无动于衷。上帝不在世界中显露自己。

6.4321
事实只属于任务，不属于解答。

6.44
世界如何，不是神秘的，神秘的是世界存在。

6.45
从永恒视角对于世界的沉思是把它作为一个有限之整体的沉思。

世界是一个有限之整体的感觉是神秘的。

6.5
当答案不能被语言表达，问题也不能被语言表达。

谜语不存在。

如果一个问题可以被提出，它也可以被回答。

6.51
怀疑论并不是确凿的，如果它在问题不能被问出的地方提出了疑问，但显然是荒谬的。

因为怀疑只能存在于有问题的地方，而只有存在答案的地方才有问题，这些都只适用于可以言说的场所。

6.52
我们觉得即使各种科学问题都得到了解答，我们生活的问题也依旧没有被触及。

当然这里不再有一个问题，而这就是解答。

6.521
解决生活问题的方法是注意到这个问题的消失。（这不正是为什么那些在长时间怀疑之后意识到生活意义的人，却无法说出那是什么意思。）

6.522

确实存在不可言说的东西。它们显现自身，它们是神秘的。

6.53

哲学中的正确方法实际上是这样的：不要说任何东西，除了那些可以说的，即自然科学的命题——与哲学无关的东西——然后，当有人想要说形而上学的东西时，向他表明他没有为他命题中的某些符号赋予意义。虽然对另一个人来说这不会令他满意——他不会有我们在教他哲学的感觉——但这种方法是唯一严格正确的方法。

6.54

我的命题是以这种方式作为一种澄清的：任何最终理解了我的人会认识到它们是没有意义的，他在它们之中——在它们之上——并最终超越它们。（也可以这么说，他必须爬上梯子，然后扔掉它。）

他必须超越这些命题，然后他正确地看待世界。

7

在无法言说之处，人必须沉默。

第四讲
语言哲学的开端

一、从逻辑到语言

二、家族相似

三、关于私人语言的讨论

四、哲学的捕蝇瓶

五、《哲学研究》原书序言

六、《哲学研究》第一部分选译

七、《哲学研究》第二部分选译

《哲学研究》在维特根斯坦于1951年去世时尚未出版，伊丽莎白·安斯康姆把它翻译成了英文，于1953年才正式出版。它由一些被维特根斯坦在前言里称为哲学短语的段落组成，被分为两部分。第一部分的短语很少超过一段，它们的编号是连续的阿拉伯数字；第二部分每个短语要更长一些，编号用的是罗马数字。这个区别是因为第二部分是来自维特根斯坦的笔记，他还在把它们完善并加入第一部分的过程中。因此在新版的《哲学研究》中，不再标为第一部分和第二部分，而是把第一部分叫作《哲学研究》，第二部分叫作《心理学哲学的片段》，更好地体现了这部分不是完整的论述。

　　《哲学研究》的英文名是 *Philosophical Investigations*，德文是 *Philosophische Untersuchungen*，直译的话应该称为"哲学调查"。维特根斯坦1937年在私人笔记中提到过哲学调查：

　　　　人们有时对我说，他们不能对这个或那个做任何判断，因为他们从来没有学过哲学。这是令人讨厌的废话，认为哲学是某种科学。人们可能像谈论医学那样谈论哲学。——但是，可以说，从来没有人进行过哲学类型的调查，例如大多数学家，他们没有配备合适的光学仪器来进行这种调查或审查。几乎，作为一个不习惯在森林里寻找浆果的人将找不到任何东西，因为他的眼睛没有特别为这样的东西变得更锐利,他不知道他必须特别地在某些地方寻找。同样,在哲学中没有实际经验的人经过所有那些地点,那些困难隐藏在草地里的地点,而有经验的人会暂停并感觉到这里会有困难,即使我还没有看到它。——这也不奇怪,人们知道即使是有经验的调查员意识到有一个困难,也必须搜索很久才能找到它。如果有个东西被隐藏得很好,它就很难被找到。(《文化与价值》,1937年9月24日)

维特根斯坦在《哲学研究》的序言里又说了下面一段话。

下文的内容是我近十六年进行哲学调查积淀下来的思想,涉及许多主题:意义、理解、命题、逻辑等概念以及数学基础、意识状态和其他一些东西。我把所有这些都写成短的语句、短的段落,有时这些会形成关于同一主题的一条长链,有时我会忽然转变,从一个主题跳到另一个主题。我的初衷是把这些都放在一本书里,那本书在我脑海里在不同的时间有着不同的形式。但是最重要的是,思想应该从一个主题自然而无间断地延续到另一个主题。

经过几次不成功的把我的结论融合在一起的尝试,我意识到我永远不会成功。我能写出的最好的东西不过是哲学短语,如果我把它们强迫到任何一个违反了它们自然倾向的方向上,我的思想很快就会瘫痪。当然,这与调查的本质有关。因为这种本质迫使我们经过一个在各个方向上纵横交错的、广泛的思想领域。这本书中的哲学短语,则是在这些漫长而关系密切的旅程中形成的一些风景草图。

从上面两段话中，我们可以看出维特根斯坦认为自己所做的并不是一般意义上的哲学研究，而是一种哲学调查。一般意义上的哲学研究会对哲学问题得出自己的答案，形成某种理论，然后设法把这些答案和理论综述在一篇论文或一本书中。维特根斯坦却把哲学问题当作一个案件来调查，而不是做一项学术研究。

当我们想到哲学研究，那么提出自己的解释，甚至建立一个体系似乎是必需的。而调查一个案件只是要发现真相，注意不要被模糊的证据误导得出先入为主的结论。从另一角度来讲，调查案件的结果不一定是炫酷或者高大上的结论，也可能只是一些很平常的解释。从这些角度来说，《哲学研究》就好像是把语言作为一个刑事案件来调查，而它的风格相比《逻辑哲学论》来说也显得更加平淡无奇。但是这本书从某种意义上来说对后来的英美哲学造成了更大的影响，后来的语言哲学学派追随了《哲学研究》中的研究方法，成为当今英美哲学占有统治地位的流派之一。本讲编译时选用的版本是英文版的《哲学研究》，由安斯康姆翻译的。

一、从逻辑到语言

维特根斯坦后期的研究重点从逻辑转移到了语言。语言，尤其是日常语言，和逻辑相比具有更多的模糊性和日常性，而似乎离哲学的核心问题更加遥远。因此，当很多人阅读维特根斯坦的后期代表作《哲学研究》时，会有一些看起来日常的，甚至有些琐碎的讨论，虽然很深入，但是和哲学的核心问题有什么关系呢？其实语言在哲学中可以有着和逻辑同等基础的地位，不同只是在于我们从哪个角度来思考。

西方哲学自柏拉图开始，一直有重视理性而轻视直觉的倾向。当人的智慧逐渐发展，古人发现感官和直觉都不是百分之百可以信赖的。如果不能百分之百地确定任何感官经验，我们如何能获得任何确定的知识呢？在三个不同的文明中，人类选择了不同的方向。华夏文明选择的是实用主义，不能获得百分之百确定的知识，但是足够实用并用于生活。印度文明选择的是虚无主义，既然肯定了无法获得百分之百确定的知识，这说明了世界的虚妄性，我们自以为真实的世界，它的基础其实是一片虚无。

古希腊却在实用和虚无之外找到了另外一条理性的道路，

那就是感官经验是无法被百分之百确定的，但是理性可以确认某些事实。欧几里得的几何公理系统就是这条道路的一个丰硕成果，我们可以从自明的无人会质疑的公理，依照逻辑，推论出确凿无疑的但又丰富多彩的结论。于是在这种一直延续下来的西方哲学体系中，逻辑有着它最基础的地位。尤其是从非欧几何被发现之后，公理也可以被质疑，但是逻辑依然具有着不可动摇的地位。

逻辑的这种绝对性，激励了一代代数学家和哲学家，试图解决数学的基础问题。希尔伯特著名的 23 个问题的第二个就是算术公理之相容性，弗雷格对算术基础的研究和罗素的《数学原理》，也都在这方面努力。但是哥德尔定理的出现，让逻辑的绝对性出现了一丝动摇，在某种程度上显示了人类对于自洽的追求也许并不像我们想象中那么不可置疑。

在《逻辑哲学论》时期，维特根斯坦追随罗素运用数理逻辑和语言的图像化，来试图推出他最后部分的结论。但是随着更进一步的思考，他认识到了自己的某些错误。这个转变发生在维特根斯坦听了布劳威尔一个关于数学基础的讲座之后，没有人确知那个讲座的哪一部分触动了维特根斯坦，但是这个讲座之中有些东西让维特根斯坦相信自己还可以说得更多。

布劳威尔是数学直觉主义学派的创始人，直觉主义是和希尔伯特的形式主义、罗素的逻辑主义相对立的一个数学流派。直觉主义最直接的表现是不接受排中律。什么是排中律呢？简单地说，就是对于任何一个逻辑命题 A，A 或非 A 总是真的。比如对于"甲现在人在北京"这个命题，可能是对的，也可能是错的，但是"甲现在人在北京"或者"甲现在人不在北京"，这个命题总是对的。我们会认为这当然是对的，正反两面都占了，怎么会错呢？一个人总不能又在北京，同时又不在北京。但是世界比我们这种单纯的感觉复杂得多，例如在量子力学里，一个粒子就可以在某种概率上既在此处又不在此处。在《逻辑哲学论》里维特根斯坦提到过一个粒子不能既在此处又在彼处。这在量子力学中是不正确的，但是当时维特根斯坦并不知道量子力学的这种诠释。直觉主义反对排中律，因此不承认反证法，认为只有构造性的数学证明才是有效的。反证法是数学家重要的工具，希尔伯特认为这绑住了数学家的双手。

维特根斯坦在那次演讲中听到了什么呢？直觉主义的先驱帕斯卡有名言："心有其理，非理之所能知。""推理是那些不明真理的人用以发现真理的迟钝、愚笨的方法。""孱弱无能的理智啊，你该有自知之明。"这些和维特根斯坦说的语言的界限和不可说之物可以显现，有着相通之处，但是这会让维特根斯坦感兴趣，而不足以让他再次回到哲学工作上来。我认为，维特根斯坦看到的是在逻辑之外，还有着更广阔的天地。这让他对自己在《逻辑哲学论》中的论证产生了怀疑，因为那种对语言结构的逻辑分析，对于活生生的语言来说，是过分狭窄了。

维特根斯坦感觉到，说与显现之间的界限比他在《逻辑哲学论》里面解说的要模糊得多。在语言的范畴里，哲学的思辨为何是无意义的，这还需要更进一步的思考。而这就产生了维特根斯坦后期的代表作《哲学研究》一书。

《哲学研究》里有几处提到《逻辑哲学论》，例如在第97条。

思想被一种光环包围。它的本质、逻辑，呈现为一个秩序，是事实上的世界先天秩序。那就是，可能性的秩序，这种秩序必须为世界和思想共有。但是这个秩序，看起来必须完全简单。它是在所有经验之前的，必须贯穿所有经验；没有经验的迷雾，或者任何可以影响到它的不确定性——它必须是最纯净的晶体。但是这个晶体不显现为抽象物，反而是某种具体的，而且确实是最具体的，就好像是世上最坚硬的东西。（《逻辑哲学论》，5.5563）。

我们在这样一种幻想下：对于我们的调查来说，试图捕捉到语言无可比拟的本质——最特别、最深刻、最本质性的，那就是命题概念、词语、证明、真理、经验等之间存在的秩序。这个秩序是一个所谓的超越概念之间的超越秩序。当然正相反的是，如果这些词汇，"语言""经验""世界"，有着一种用法，它也必然和"桌子""灯""门"这些词汇的用法一样谦卑。

这里指的是《逻辑哲学论》里的这段话：

5.5563 我们口头语言的所有命题，实际上就如它们的样子，在逻辑上是完全有序的。我们在这里应该给出的简单事实不是真理的模型，而是完整的真理本身。（我们的问题不是抽象的，也许是最具体的。）

《哲学研究》中的这一段文字可以看作维特根斯坦反思自己语言学思想的一个缩影。维特根斯坦自己通过逻辑（更精确地说是通过他的逻辑原子主义），在《逻辑哲学论》里曾经觉得自己已经捕捉到了"语言无可比拟的本质"，到了《哲学研究》他发觉那不过只是一个幻影而已。不仅如此，他进一步认为这个目标是任何人都不可能实现的。语言在本质上是一个游戏，在哲学里貌似崇高不朽的词汇，和普通的词汇比较起来，并不在语言游戏中有任何特别的地位。

二、家族相似

哲学从古希腊的起源开始，语言中的抽象概念就为形而上学提供了思想的基础，这可以一直追溯到柏拉图的理念论。例如，对"马"这个概念，我们可以看到各种具体的马，白马、黑马、高头大马等，但是我们不可能看到作为一个概念的"马"，没有哪匹实际存在的马可以代表"马"这个概念，但是在语言中产生了"马"的概念。柏拉图认为，我们不可能凭空产生一个"马"的概念，这个概念必然具有一个原型，柏拉图称为理念。这个原型不能被我们的感官感知，但是可以被我们的理性了解，例如，因为"马"的理念被我们的理性了解了，我们才能产生"马"的概念。

这个问题在哲学中被称为"共相问题"，也可以叫作普遍命题问题。例如，白马、黑马都是马，红花、红叶都是红色的。对于"马"或"红色"这种相对简单的共相问题，我们可以从个体之间的共同性质来解释抽象概念的形成。例如，每个个体的马之间都有相同的性质，我们可以从这些性质来得出"马"的概念。

有些"共相问题"比"马"和"红色"要复杂得多，例如"美"的概念。我们可以列举很多美的东西、美的感觉，可以随意写下很多美的例子：散落的樱花、海边的落日、悠扬的大提琴声、燕子飞翔的轨迹、变幻莫测的云、璀璨的群星，但是我们很难在其中找到所有都相同的性质。我们也许可以说这些都是令人愉悦的事物，但是这也只能包括美的一部分，譬如前面说的散落的樱花，人们看到时得到的不是愉悦的情感，而是有些感伤的，但是那也是美的。再譬如恋人远去的身影，那是令人伤心的，但是也是美的。有人可能会说，我们可以扩展我们的定义，美的事物是令人愉悦的东西，或者令人愉悦的东西消失时的样子。但是深入地思考之下，这也是不完善的，这个世界上还有着颓废的美、痛苦挣扎中的美、承受苦难的美，等等。一场暴风雨可以有着雄壮的美，即使它对我来说只是代表着寒冷与不适。

美很难被定义，但如果说美只是一个完全主观的概念，人和人之间对于美却又有着许许多多的共同之处，即使是文化背景完全不同的两个人，他们完全可以用"美"这个词汇来交流，而且完全知道对方是什么意思。因此柏拉图认为存在一种"美"的理念，而人类对"美"的认识是从具体到抽象的一个向上的过程，从一朵花、一张面孔的具体物质的美，到精神的美，到知识文化的美，直到理解永恒不变的美本身。

美也不会以脸、手或者肉体的形式出现，既不是言语，也不是知识……但它本身的存在，并且基于它本身就在永恒的唯一之中，而每一个美丽的东西都会以这样一种方式参与它，尽管这些部分都可能会变化消失，但它不增不减，依然是永恒不

变的整体。(柏拉图《会饮篇》)

但是这种绝对性正是维特根斯坦后期语言哲学反思的对象。于是维特根斯坦提出了一个重要的概念，就是家族相似，来解决复杂的共相问题。家族相似的概念是在《哲学研究》第66、67节中提出的。

(66)

例如，考虑我们称为"游戏"的活动。我的意思是棋类游戏、纸牌游戏、球类游戏、角力游戏，等等。什么是它们之间的共同点？——不要说"必须有一些共同点，或者它们不会被称为'游戏'"，而是看看再决定它们之间是否有任何共同的东西。——因为如果你看看它们，你不会看到任何共同的东西，但它们之间具有相似性，并且也相互关联，以及它们的整个系列。重复：不要想，而要看！——例如，看看棋类游戏，与它们之间五花八门的关系。然后看看纸牌游戏，这里你发现与第一组的许多对应，但许多共同的功能消失了，而其他的出现了。当我们接下来再看球类游戏，很多常见的保留了，但很多又消失了。——它们都是"有趣"的？比较一下国际象棋与井字棋。或者总是有输有赢，或者只是玩家之间的竞争？耐心地想一想。在球赛中有胜利和失败，但是当一个孩子把球扔到墙上，并再次抓住它时，这个特征已经消失了。看看技能和运气所占的部分，还有棋类技能和网球技能之间的差异。现在考虑一下转圈圈这样的游戏，这里存在的是娱乐元素，但是有多少其他具有特征的功能消失了？如果我们用同样的方式考量许多其他种类的游戏，就可以看到相似性如何出现和消失。

这个考量的结果是：我们看到一个由重叠交叉的相似性组成的复杂网络，有时总体相似，有时细节相似。

（67）

我想不出比"家族相似"更好的表达方法来说明这些相似性的特征，因为家族成员之间具有着各种相似性：体型、外貌、眼睛的颜色、步态、气质等以相同的方式重叠和交叉。——我会说："游戏"构成了一个家族。

例如，数字的种类也以相同的方式形成一个家族。为什么我们称为"数字"？好吧，也许是因为它与以前被称为数字的几件事情有"直接"的关系，这可以说成是与其他具有相同名称的事物之间有着间接的关系。我们把我们的数字概念用这样一种方式扩展，就好像是把纤维和纤维拧成一根棉线。棉线的强度不在于是否有一根纤维贯穿了整条棉线，而在于许多纤维之间的重叠。

但是如果有人想说："所有这些结构都有一些共同之处，就是共同属性之间的不一致性。"——我会这么回答："你只是在玩弄文字游戏。"其实还不如说："有些东西贯穿了整条棉线，那就是纤维之间的重叠。"

维特根斯坦的意图是说明一个词汇或者概念的形成不见得

有着一个严格的定义，而这个词汇代表的东西也不一定都具有某种特定的相似性。他运用的例子是游戏，我们把很多活动都称为游戏，而游戏和游戏之间存在着相似性，但是没有一个普遍的相似性。这种相似性把一个个游戏联络了起来，就好像家族成员之间相互的联系，形成了一个家族的网络。维特根斯坦把这称为家族相似。

家族相似同样可以运用到美的概念上，我们会看到某些美的例子和其他一些例子有着相似性，虽然并没有所有美的例子都共享的一种相似性，但是我们可以看到这些相似性把所有美的例子串联起来，形成了一个美的家族，而整个家族都被称为是美的。

如此的解释，把原本关于"美"的抽象而形而上学的概念重新拉回到语言之中，通过检验"美"这个词汇在日常语言中的用法，通过家族相似的解释，解决了共相问题引起的形而上学的迷雾。

三、关于私人语言的讨论

从《哲学研究》243 节开始,维特根斯坦用了很大的篇幅讨论了私人语言的问题,就是一个描述私人感觉的、无法用作和他人交流的符号系统,即私人语言,是否是有意义的语言。

读者可以自行阅读本讲稍后摘译的部分,维特根斯坦的思辨深刻但是并不复杂,也不隐晦,应该不难读懂。我们在这里专注于设法理解维特根斯坦的结论,就是私人语言不存在,或者说私人语言没有意义。

维特根斯坦经常会使用"没有意义"这个说法,它也有着"废话"的意思。当他在《逻辑哲学论》中说"不可言说",其实他并不是说我们完全不能说,而是说我们不能有意义地说。如果非要说不可的话,只能是废话。

我们需要注意到,在维特根斯坦的前期有意义意味着逻辑上的正确清晰,而在后期有意义则是在生活之中是否有着它的用法。但是这两种意义都是人与人之间的意义,也就是说必须有人与人之间的交流才能确定的意义。当我们讨论私人语言和私人感觉时,如果可以进行人与人之间的交流,那就不再是纯粹私人的了,因此严格意义上的私人语言,不可能具有任何基于人与人交流的意义。它如果有任何意义的话，只能是私人的意义。

从这种意义上来说，维特根斯坦关于私人语言是否有意义的讨论可以这么总结：根据私人语言的定义，它必须是纯粹私人的，因此不可能有任何人与人之间交流的意义；或者说，如果任何另一个人懂得了我的私人语言对于我的意义，那么我的私人语言就不再仅仅是我私人的了，它至少可以让那个人懂得它的意义。

四、哲学的捕蝇瓶

《哲学研究》中没有很多像《逻辑哲学论》之中那样引人深思的警句，一般都是用平实的语言讲述日常语言的用法。其中最有名的一句话大概是第 309 条："你在哲学上的目标是什么？——展示从捕蝇瓶中飞出来的道路。"

这句话显示了维特根斯坦对于哲学一贯的观点，他认为哲学工作是一种澄清，是一种治疗。其实并不存在所谓的哲学问题，只是因为对于语言的误用而导致的困惑。在《逻辑哲学论》里就有相似的看法：

关于哲学已经写出的大部分命题和问题，并不是假的，而是无意义的。因此，我们不可能回答这样的问题，而只能陈述它们的无意义性。大多数哲学家的问题和命题，是不理解我们语言的逻辑之结果。

（它们和这个问题是同一类型的：善是否和美或多或少地等同。）

而且这并不值得惊异，最深刻的问题其实根本不是问题。

（《逻辑哲学论》4.003）

哲学的目标是思想的逻辑澄清。

哲学不是一个理论,而是一种活动。

哲学工作主要是澄清。

哲学的结果不是一些"哲学命题",而是使命题变得清晰。

哲学应该使那些本来不透明和模糊的思想变得清晰,并且为它们划分出分明的界限。

(《逻辑哲学论》4.112)

哲学中的正确方法实际上是这样的:不要说任何东西,除了那些可以说的,即自然科学的命题——与哲学无关的东西——然后,当有人想要说形而上学的东西时,向他表明他没有为他命题中的某些符号赋予意义。虽然对另一个人来说这不会令他满意——他不会有我们在教他哲学的感觉——但这种方法是唯一严格正确的方法。

(《逻辑哲学论》6.53)

哲学问题到底是否存在呢?关于这个问题的争论还有一个发生在维特根斯坦和波普尔之间的有趣故事。波普尔是科学哲学的奠基人,他提出的证伪性到现在还是区分科学和伪科学的重要标准。有一次波普尔被邀请到剑桥道德科学俱乐部作演讲。剑桥道德科学俱乐部是剑桥哲学家的组织,因为另有一个叫作"剑桥哲学学会"的组织却包括了所有在神学和医学领域以外的研究工作,因为那是哲学在中世纪时的含义。波普尔演讲的题目就是"存在真正的哲学问题吗?",

这个题目明显是针对维特根斯坦认为哲学问题不存在的观点。演讲中两位哲学家发生了激烈的争论，维特根斯坦要求波普尔给出一个哲学问题的例子，波普尔说："是否可以通过感觉认识事物？是否可以通过归纳获得知识？"维特根斯坦认为这是逻辑问题，而不是哲学问题。波普尔又提出关于无限的问题，维特根斯坦认为那是数学问题。波普尔又提到伦理问题。据说这时维特根斯坦举起正在拨弄火炉的拨火棍，指向波普尔："请你给出一个真正的伦理问题。"而波普尔回答说这就是一个真正的伦理问题："不要用拨火棍威胁一个来访的客人！"维特根斯坦听后大怒，扔下拨火棍就走了。这就是著名的"拨火棍事件"。

维特根斯坦在这里显示出了他的前期和后期之间的延续性。他前期与后期论证的方法不同，达到结果的路径不同，但目标是相通的。无论前期还是后期，维特根斯坦一贯地认为哲学是一种澄清的工作，哲学问题产生的原因只是对于语言的误用。

五、《哲学研究》原书序言

下文的内容是我近十六年进行哲学调查积淀下来的思想,涉及许多主题:意义、理解、命题、逻辑等概念以及数学基础、意识状态和其他一些东西。我把所有这些都写成短的语句、短的段落,有时这些会形成关于同一主题的一条长链,有时我会忽然转变,从一个主题跳到另一个主题。我的初衷是把这些都放在一本书里,那本书在我脑海里在不同的时间有着不同的形式。但是最重要的是,思想应该从一个主题自然而无间断地延续到另一个主题。

经过几次不成功的把我的结论融合在一起的尝试,我意识到我永远不会成功。我能写出的最好的东西不过是哲学短语,如果我把它们强迫到任何一个违反了它们自然倾向的方向上,我的思想很快就会瘫痪。当然,这与调查的本质有关。因为这种本质迫使我们经过一个在各个方向上纵横交错的、广泛的思想领域。这本书中的哲学短语,则是在这些漫长而关系密切的旅程中形成的一些风景草图。

一个相同或者几乎相同的观点,总是被从不同的方向重新接近,绘出新的草图。作为一个不那么强的作图者,很多草图画得并不好，没有抓住特征。而且我们摒弃这些不好的，在只剩下一些可以被忍受的草图后，剩下的还要被重新排列，有些时候被删除，这样当你看到时，你可以得到一幅风景画。因此，这本书其实是一本画册。

　　直到不久以前，我简直放弃了在我生前出版我的著作的想法。事实上，它不时地被复活，主要是因为，我违乎所愿地了解到我的成果（我在演讲、打印稿和讨论中传达的东西）在流传中被误解，而且或多或少地被撕裂或冲淡。这刺痛了我的虚荣心，让我很难释怀。

　　四年前，我有一个机会重读我的第一本书《逻辑哲学论》，并向另一个人解释里面的想法。忽然我觉得自己应该把那些旧的想法和新的想法发表在一起：只有把新的想法放在我之前思想方式的背景上进行对比，它才能在正确的光线下被看见。

　　十六年前从我重新开始思考哲学以来，我被迫认识到我第一本书中的严重错误。通过弗兰克·拉姆齐对我想法的批评，通过在他生命最后两年里我们无数次的谈话和讨论，让我认识到这些我自己几乎无法估量的错误。我还要感谢这所大学的一名教师斯特拉法先生，他给我的确定且强制性的批评，并在许多年里与我探讨我的想法，使得这本书最终形成，我衷心感谢他给予的这种激励。

　　基于不止一个理由，我在这里发表的内容将与其他人近来写的东西有关联——如果我的这些段落没有带有自己的印记，把它们标注成是属于我的东西——我不想再提出任何声明把它们作为我的私有财产。

我是保持着怀疑的态度把这些想法公开的。在这个贫穷且黑暗的时代，这项工作能把光带给一个或几个大脑，虽然并非一件不可能的事，但是也确实没有什么太大的希望。

我不希望自己的写作是为了让别人省却思考的麻烦。相反，如果可能，我希望它可以刺激某些人产生自己的想法。

我想要写出一本好书，这没有实现，而且我可以改进它的时间也已经过去了。

六、《哲学研究》第一部分选译

(7)

在语言的实践中，一方说出一些词，另一方则行动。在语言的指令中，以下过程会发生：学习者命名对象，也就是说，当老师指着石头时，他会说出这个词。或者进行一个更简单的练习：学生重复老师的话。这两者都是类似于语言的过程。我们也可以想象把使用单词的整个过程作为孩子们学习母语的游戏之一。我会称这些游戏为"语言游戏"，有时会把一种原始语言称为语言游戏。命名石头和重复词的过程也可以被称为语言游戏。想想许多在游戏中使用的话，如"圈圈圈玫瑰"①，而包括语言和被它交织起来的行动所组成的整体，我也称为"语言游戏"。

(11)

想想工具箱中的工具，有锤子、钳子、锯子、螺丝刀、直尺、胶壶、胶水、钉子和螺丝。词的功能与这些东西的功能一

---

① 西方儿童转圈圈游戏时的用语。

样具有多样性。（在这两种情况下都有相似之处。）当然，让我们困惑的是当我们听到词汇被说出来，或者在手稿和印刷品中看到它们时，词汇具有统一的外观。因此它们的应用没有向我们清楚地呈现出来，特别是当我们研究哲学的时候。

（12）

这就像看着一个机车的机舱，我们看到或多或少相似的一些手柄。（当然，因为它们都是用来操作的。）但第一个是弯曲的手柄，可以连续移动（它用来调节阀门的开启的大小）；第二个是开关的手柄，它仅具有两个有效位置，或者是断开或者是接通；第三个是制动杆的手柄，越使劲地拉它，刹车就越快；第四个是泵的手柄，它只有在来回移动时才有作用。

（23）

但是有多少种句子呢？断言、问题和命令？有无数种类：我们所谓的"符号""字""句子"有着无数不同种类的使用方式。这种多样性是不固定的，无法一劳永逸地被确立；但是我们可以说新的类型的语言、新的语言游戏是现实存在的，而其他的已经过时，被遗忘。（我们可以从数学的变化中得到一个粗略的图像。）这里的术语"语言游戏"意在突出说明语言是活动的一部分或生活形式的一部分。

在以下和其他的例子中都可以看出语言游戏的多样性：

给出命令，并遵守它们——

描述对象的外观，或给出大小尺寸——
根据描述构造一个物体（绘图）——
报告一个事件——
推测一个事件——

想象一个拳击手特定姿势的图片。现在，这张图片可以用来告诉别人应该如何站立，应该如何抱自己；或者他不应该抱自己；或一个特定的人应该站在什么地方，等等。人们可能（使用化学语言）把这张图片称为命题激进。这将是弗雷兹如何思考的"假设"。

形成和测试假设——
在表格和图表中呈现实验的结果——
编一个故事，然后阅读它——
玩，表演——
轮唱——
猜谜语——
开一个玩笑，然后把它讲给人听——
解决实用算术中的问题——
从一种语言翻译成另一种语言——
问、感谢、诅咒、问候、祈祷——

比较语言中工具的多样性和它们的使用方式，单词和句子种类的多样性，以及逻辑学家对语言结构所说的话（包括《逻辑哲学论》的作者），结果是很有趣的。

（24）
如果你没有看到语言游戏的多样性，你可能会倾向于问这样的问题："什么是一个问题？"——这是否是一个我不知道某些事的陈述，或者一个我希望别人会告诉我是什么的陈述？或者它是在描述我不确定的精神状态？——是哭喊"救命"这样的描述？

想想有多少种不同的东西叫"描述"：通过坐标来描述身体的位置；描述面部表情；描述触摸的感觉；描述心情。

当然可以用语句的形式来代替陈述或描述通常的问题模式："我想知道是否……"或"我怀疑是否……"——但这并不能让不同的语言游戏彼此更接近。

这种转变的可能意义，例如，把所有的语句变成以"我觉得"或"我相信"开头的句子（就好像它成为我内在生活的描述），在另一个地方将变得更清晰。（唯我论）

（25）
有时候人们会说动物不说话是因为它们缺少精神能力。这意味着："它们不思考，所以它们不说话。"但是——它们根本不说话，或者这么说更好：它们不使用语言——如果我们排除最原始形式的语言——指挥、提问、叙述、聊天，和走路、吃、喝、玩一样，都是我们的自然历史的一部分。

(40)

让我们首先讨论这个论点：如果没有任何东西对应，一个词就没有意义。——在这里有一点很重要："意义"一词被非法使用了，如果它被用于表示这个词"对应"的东西。这是混淆了名字与名字之间承载物的含义。在 N 先生死后，可以说名字的承载物死了，而不是名字的含义死了。如果说名字的意义消失了，那么说"N 先生死了"反而是毫无意义的。

(43)

对于很多种情况——虽然不是全部——我们使用"意义"一词时，它可以被如此定义：一个词的意义是它在语言中的使用。

名字的意义有时可以通过指向它的承载物来解释。

(44)

我们说，"亚瑟王之剑有着锋利的剑刃"这样的句子，即使当亚瑟王之剑破碎了，这句话仍旧是合理的。之所以如此，是因为这个语言游戏中的一个名字是可以在它的承载物不在时被使用的。但我们也可以想象一个关于名字的语言游戏（也就是说，记号一定被包含在名称中），其中名字仅在承载者存在的情况下使用，所以永远可以被一个说明性的代词和指向的姿态取代。

（55）

语言中的名字所表示的必须是坚不可摧的，因为它必须能够描述一切可被摧毁的事物都已经被摧毁了的状态。这个描述将包含词汇，对应于这些的就不能被摧毁，否则这些词汇将没有意义。"我不能折断我所坐的树枝。"当然，为了防止自己毁灭，人们可能立刻反对这种描述。——但是对应于描述的单词不能被摧毁。因为如果给予这个描述意义的单词被摧毁了，这句话就没有意义了。——但在某种意义上，这个人肯定是对应着他的名字。虽然他是可摧毁的，但是当承载物被摧毁，他的名字不会失去它的意义。——一个对应于名称，没有它将没有意义的例子，是一个范例，它和语言游戏中的名称一起相关联地被使用。

（56）

但是如果语言中没有如此的样本，而是我们在心灵中，例如，有着一个词所代表的颜色，那又如何呢？——"如果我们在自己心灵中保有它，那么当我们说出它，它就显现在我们心灵之眼中。于是当我们记得它，它就总是可能的，它本身必然是坚不可摧的。"——但是，我们用什么做标准来确认我们的记忆是正确的？——当我们使用一个样本工作时，在有些情况下我们根据记忆判断说这个样本已经改变了颜色。但是，我们有时不是也可以说，我们记忆的图像变得暗淡了？难道我们不是像受到样本支配一样，同样也受到记忆的支配吗？（某人可能会说："如果我们没有记忆，我们将受到样品的支配。"）——或者也许有一些化学反应，想象一下，你应该用一种特定的颜色"C",这是化学物质 X 和 Y 反应时出现的颜色。——假设颜色在某一天比另一天更亮,你不会说:"我一定是错了,颜色肯定和昨天是一样的。"这表明,我们并不总是将记忆作为我们的最高裁决。

(57)

"一些红色的东西可以被摧毁,但红色不能被摧毁,这就是为什么'红色'这个词的含义独立于红色东西而存在。"——当然,如果我们说红色被撕裂或是被捶打成小碎片是毫无意义的,但是我们不是会说"红色消失了"吗?不要紧紧抓住那个"没有任何红色的时候,我们还能在心灵之眼中看到红色"的想法不放。这就好像你选择说一直会有一种化学反应会产生红色的火焰。——我们如果把这个颜色完全遗忘了呢?——当我们遗忘了那个名字代表的颜色,它就对我们失去了意义;也就是说我们无法再用它去做一个特定的语言游戏。可以和这种情况相比的是:我们失去了一种语言工具的范例。

(58)

我想做出一个限制,词语"名字"不能出现在组合"X 存在"当中。"因此,不能说'红色存在',因为如果没有红色,它根本不能被说出。"——更好的说法是:如果"X 存在"干脆只是"X"有意义——这样它就不是一个如何看待"X"的命题,而是我们如何使用语言的命题,也就是关于使用"X"的命题。

这样看来，如果我们是在说一些关于红色的性质，说"红色存在"不会产生任何意义。也就是说，红色确实"拥有自己存在的权利"。同样的想法——这是一个关于红色的形而上学的陈述——当我们做这样一个陈述：红色是无时间性的，或者更强烈地使用"不可摧毁"一词。

但我们真正想要做的只是简单地说"红色存在"，那么单词"红色"有意义。或许更好的说法是："红色不存在"就是"'红色'没有意义"。只是我们不想这么说：那个表达式说的是这个，但是它必须说这个，如果它说的想要有任何意义。但是，说出它又是自相矛盾的——因为红色"拥有自己存在的权利"。唯一的矛盾在于，命题看起来好像是关于颜色，而它其实是在说一些关于如何使用"红色"一词的。——然而在现实中，我们很容易说，存在特定的颜色；这就是说，有特定颜色的东西存在。第一个表达式并不比第二个表达式更不准确，尤其是当"有特定颜色的东西"不是一个物理对象的时候。

（59）
"一个名字只表明什么是一个现实中的要素，什么不能被毁灭，什么在所有的变化中保持不变"——但这是什么？——为什么，它在我们说这个句子时，已经在我们的脑海之中游荡！这是关于一个我们想要使用的特定图像之特定表达。当然经验不会告诉我们这些元素。我们看到复合物，例如椅子的组成部分，我们会说，背部是椅子的一部分，由几块木头组成；而腿是一个简单的组成部分。我们还看到一个整体变化（被毁坏），而其组成部分保持不变。这些是我们用来构建现实图像的材料。

（65）
在这里，我们碰到了所有这些考量背后的伟大问题。——有些人可能会反对我："你采取简单的解决方法！你谈论各种各样的语言游戏，但没有说到语言游戏的本质，因此也就没有触及语言的本质。所有这些活动的共同点是什么？什么使它们成为语言本身或者语言的一部分？所以你让自己远离了调查中最令你头痛的一部分，关于命题和语言之一般形式的那部分。"

确实如此。——相比找出我们所称为语言的共同之处，我反而认为这些使用了相同词汇的现象其实并没有共同之处——但它们之间是通过很多途径相互有关联的。正是因为这种关系或这些关系，我们称为"语言"。我将会尝试对此做出解释。

（66）
例如，考虑我们称为"游戏"的活动。我的意思是棋类游戏、纸牌游戏、球类游戏、角力游戏，等等。什么是它们之间的共同点？——不要说"必须有一些共同点，或者它们不会被称为'游戏'"，而是看看再决定它们之间是否有任何共同的东西。——因为如果你看看它们，你不会看到任何共同的东西，但它们之间具有相似性，并且也相互关联，以及它们的整个系列。重复：不要想，而要看！——例如看看棋类游戏，与它们之间五花八门的关系。然后看看纸牌游戏，这里你发现与第一组的许多对应，但许多共同的功能消失了，而其他的出现了。当我们接下来再看球类游戏，很多常见的保留了，但很多又消失了。——它们都是"有趣"的？比较一下国际象棋与井字棋。或者总是有输有赢，或者只是玩家之间的竞争？耐心地想一想。在球赛中有胜利和失败，但是当一个孩子把球扔到墙上，并再次抓住它时，这个特征已经消失了。看看技能和运气所占的部分，还有棋类技能和网球技能之间的差异。现在考虑一下转圈圈这样的游戏，这里存在的是娱乐元素，但是有多少其他具有特征的功能消失了？如果我们用同样的方式考量许多其他种类的游戏，就可以看到相似性如何出现和消失。

这个考量的结果是：我们看到一个由重叠交叉的相似性组成的复杂网络，有时总体相似，有时细节相似。

（67）

我想不出比"家族相似"更好的表达方法来说明这些相似性的特征，因为家族成员之间具有着各种相似性：体型、外貌、眼睛的颜色、步态、气质等以相同的方式重叠和交叉。——我会说："游戏"构成了一个家族。

例如，数字的种类也以相同的方式形成一个家族。为什么我们称为"数字"？好吧，也许是因为它与以前被称为数字的几件事情有"直接"的关系，这可以说成是与其他具有相同名称的事物之间有着间接的关系。我们把我们的数字概念用这样一种方式扩展，就好像是把纤维和纤维拧成一根棉线。棉线的强度不在于是否有一根纤维贯穿了整条棉线，而在于许多纤维之间的重叠。

但是如果有人想说："所有这些结构都有一些共同之处，就是共同属性之间的不一致性。"——我会这么回答："你只是在玩弄文字游戏。"还不如说："有些东西贯穿了整条棉线，那就是纤维之间的重叠。"

（68）
"好吧，数字概念的定义是这些相互关联的个别概念的逻辑总和，基数、有理数、实数等；以同样的方式游戏的概念也是相应的子概念的逻辑总和。"——其实不必这样。因为我可以用这种方式给出概念"数字"严格的限制，也就是说，对于一个严格限定的概念如何使用单词"数字"，但是我也可以如此使用它，进而使得概念的扩展不被任何边界限制。这才是我们实际上如何使用"游戏"这个词的方式。

游戏的概念是如何界定的？什么仍然算作游戏，什么不再算？你能给出边界吗？不，你可以画一个，因为到目前为止还没有这么一条边界被画出。（但是，当你使用"游戏"这个词时，这一点却从来不会困扰你。）"但是，这个词的使用是不受限制的，我们玩的'游戏'是不受限制的。"——不是任何地方都被规则限制的，例如，网球发球时可以把球扔多高或多快，就没有规则限制，但网球是所有这些组成的游戏，也有着规则。

（69）

那我们应该如何解释一个游戏到底是什么呢？我想我们应该向他描述游戏，我们可以补充说："这个和类似的东西被称为'游戏'。"关于游戏我们自己是否知道得更多？是否我们只是不能确切地对别人说出一个游戏是什么？——但这不是无知。我们不知道边界在哪里，因为没有边界被画出来。重复一下，我们可以为了特殊的目的来画出一个边界。是否需要画出边界来使概念变得可以被使用？根本不需要（除了那个特殊目的），根本不用比这个定义做得更多："1 步 =75 厘米"，就可以使用"1 步"来作长度的测量。如果你想说"但在那之前，它不是一个准确的度量"，然后我回答：好吧，这是不准确的。虽然你还欠我关于准确性的一个定义。

（70）

"但是如果'游戏'的概念是如此无限制性的，你就并不真的知道'游戏'是什么意思。"——当我给出一种描述："地面上覆盖着植物"——你想说我不知道我在说什么，直到我能给出一个植物的定义？设想我的意思将由图画和词汇来解释"地面看起来大概像是这样"。我甚至可能说"它看起来完全像这样"。——是否那些草和叶子，实实在在地就是这样排列的？不，不是这个意思。在这个意义上，我不应该接受任何图片作为准确的描述。

有人对我说:"和孩子们玩一个游戏。"我教他们用骰子游戏,而另一个说:"我不是指那种游戏。"当他给我命令之前,必须把骰子游戏排除在外的这个想法是否一定已经在他的脑海里了?

(71)
人们可能会说,"游戏"的概念是一个有着模糊边缘的概念。——"但是一个模糊的概念还是概念吗?"——一张难以分辨的照片还是一个人的照片吗?用一幅清晰的图像来替换一幅难以辨识的图像是否总是更优越的?不是的,有时难以辨识的图像不正是我们所需要的吗?

弗雷格比较了区域的概念,并说一个有模糊边界的区域不能被称为一个区域。这意味着我们不能对它做任何事情。——但是这样说没有意义吗?"大致站在那里就好?"假设我和某人一起站在城市广场时这么说。正像我说的,我不画任何种类的边界,但也许我会用手去指——仿佛我正在指示着特定的点。这就是一个人可能向别人解释什么是游戏的办法。有人给出例子,并希望被以特定的方式接受——我不是这样,无论如何,这意味着,他应该在那些例子中看到共同之处——但因为一些原因——我无法把它们表达出来,他现在要以特定的方式使用这些例子。这里给出的例子不是解释的一个间接手段——反而是在默认情况下更好的一种。任何普遍的定义也都可能被误解。关键是,这就是我们如何玩这个游戏的。(我的意思是使用"游戏"一词的语言游戏。)

(88)

如果我告诉某人"大致站在那附近"——这个解释是否能完美地工作呢？有没有可能其他的解释也会失败？

但这难道不是一个不准确的解释吗？——是的，那为什么我们不把它称为"不准确"？让我们先明白"不准确"的含义，因为它不是"不可用"。让我们考虑一下我们所说的"准确"的解释和这个相比有何不同，也许是像用粉笔画条线环绕一个区域这类的事？在这里立刻触动到我们的是线的宽度。因此，一个颜色的边缘将更准确一些。但这种准确性是否有什么功能：我们的发动机是否在空转？并且要记住我们还没有定义什么才算是越过了这个确切的边界；用什么仪器，如何可以把它确立，如是等等。

我们知道将怀表设置到准确的时间或者准确地调节手表意味着什么。但是，如果这么问：这个准确性是否为理想的准确性，或者它离理想的情况有多接近？——当然，我们可以说时间测量的不同结果，并且我们应该说这些时间比由一个怀表测量时间具有更大的准确性，"设置时钟到准确时间"这句话有不同的但是相关的意义，和"告诉时间"是一个不同的过程，如是等等。——现在，如果我告诉某人："你应该更准时地吃晚饭，你知道它从一点准时开始。"——这里真的没有准确性的问题吗？因为也有可能说："想想在实验室或天文台如何确定时间，你就看到了'准确性'意味着什么。"

"不精确"其实是贬,"精确"是褒。这就是说,不精确地达到它的目标,相比精确来说不够完美。因此,这里的焦点在于我们所说的"目标"。当我没把我们到太阳的距离精确到英尺[①],或者告诉木匠没把一张桌子的宽度精确到千分之一英寸[②],我是否是不准确的?

没有一个单一的理想的准确性曾被规定,我们不知道应该在头脑中如何想象,除非你自己规定所谓应该如此的准确性。但你将发现很难达到这样的约定,至少达到任何可以令你满意的都很困难。

(89)
这些考量把我们带到了这个问题:在什么意义上逻辑是一种崇高的事物?

因为似乎有一个特殊的深度属于哲学——一种普遍的重要性。逻辑学,似乎存在于所有科学的底部,因为逻辑的调查探究了所有东西的本质。它试图看到事物的底部,它的意义不在于关心实际上是否发生了这个或那个——它的产生,不是来源于对自然事实的兴趣,也不是来源于想要掌握因果关系的连接,而是来源于这样一种冲动,即它设法理解所有一切经验的基础

---

① 1 英尺 =0.3048 米。
② 1 英寸 =0.0254 米。

或本质。然而，也不是为了这个目的我们必须寻找新的事实，我们调查的本质其实是不寻求学习任何新的东西。我们想要了解一些已经在平常视野中的事物，因为这似乎是我们在某种意义上看起来不理解的东西。

奥古斯丁在《忏悔录》中说："ex me quaerat scio；si quaerenti explicare velim，nescio。"（时间究竟是什么？别人不问我时，我明白；别人问我时，我就不明白了。）——这不能被说成是一个自然科学的问题（例如，"什么是具体的氢的重量？"）这些没有人问我们时我们明白，但当要说时不再明白了的事物，正是我们需要提醒自己的东西。（而且很显然，因为某些原因，这也是我们很难提醒自己的东西。）

（90）

我们觉得我们不得不透过现象：我们的调查并不是针对现象，有人可能会说是针对现象的"可能性"。我们提醒自己，那就是我们对现象所做的一种陈述。因此，奥古斯丁在头脑中回忆起他在过去、现在或未来，对于事件的延续所做的陈述。（这些当然不是关于时间，过去、现在和未来的哲学陈述。）

因此，我们的调查是一个语法上的调查。这样的调查通过消除误解，揭示我们的问题。由于使用词语而造成的误解，其中一个起源是因为在不同语言区域中进行表达形式之间的类比。——其中一些可以通过替换成另一种表达形式来消除，这也许可以被称为对于表达形式的"分析"，因为这个过程有时像把一件事物分成一个个部分。

（91）

但是现在也许看起来好像我们的语言形式可以有一种最终分析，也就是对于所有表达的一个单一且完全的解析形式。这就好像我们通常的表达形式实质上是未被分析的，好像有些东西隐藏在它们之中，需要被带到光明之中来。当这些被完成时，表达就完全被澄清了，而我们的问题也将被解决。它也可以被这样表述：我们通过使我们的表达更加准确来消除误会，但是我们现在看起来似乎在朝着一个特定的状态移动、一个完全准确的状态，并且这似乎就是我们调查的真正目标。

（92）

在这些表达的问题中找到关于语言、命题、思想的本质——因为，如果我们的这些调查也是试图理解语言的本质——它的功能、它的结构——但这不是那些问题的看法。

因为他们看到的本质，不是那些已经处在开放视野之内的，通过重新排列组合就可以调查的东西，而是在表面之下的东西。有些东西位于内部，我们深入其中才能看到，而分析把它们挖掘出来。

"本质对于我们是隐藏的"：这是此时我们假设的问题形式。我们会问："什么是语言？""什么是一个命题？"这些问题的答案需要被一劳永逸地给出，并且独立于任何未来的经验。

（93）

一个人可能会说："命题是这世界上最普通的东西。"而另一种说法："一个命题，这是一个非常奇怪的东西"——而后者不能简单地看出命题如何在实际中工作。我们用于表达自己关于命题和思想的形式挡住了他的路。为什么我们说一个命题是卓越的？一方面，是因为它巨大的重要性（这是正确的）；另一方面，再加上对语言逻辑的误解，诱惑我们想到一个东西是非凡的、独特的，它就必须通过命题来实现。——这个误解看起来就好像一个命题做了什么奇怪的事情。

（94）

"命题是一件奇怪的事情！"这里藏着试图升华全体逻辑描述的病菌。那是一种假设命题符号和事实之间有着纯粹中介物的倾向，我们甚至会试图净化、升华那些符号本身。——因为我们的表达形式通过让我们追求喀迈拉[①]，阻止了我们以任何方式看到下面这件事：其实这里没有涉及任何超越普通的东西。

（95）

"思想应该是独特的"。我们这么说，也意味着，这个和这个是如此的，我们——和我们的意思——不会停止在任何缺乏事实的地方，反而我们的意思是：这是如此。但是这个悖

---

① 希腊神话中一种狮头、羊身、蛇尾的吐火怪，也是嵌合体的意思。

论（其形式为自证之理）也可以用这种方式表达：思想可以不是如此。

(96)

其他的幻想来自许多方面，把自己附加到这里所说的"特别一个"之上。思想、语言，现在似乎向我们显现为独特相关的世界之图像。这些概念：命题、语言、思想、世界，一个站在另一个之后，每一个都等价于每一个。（但是现在这些话要如何使用呢？不存在一种使用它们的语言游戏。）

(97)

思想被一种光环包围。它的本质、逻辑，呈现为一个秩序，是事实上的世界先天秩序。那就是，可能性的秩序，这种秩序必须为世界和思想共有。但是这个秩序，看起来必须完全简单。它是在所有经验之前的，必须贯穿所有经验；没有经验的迷雾，或者任何可以影响到它的不确定性——它必须是最纯净的晶体。但是这个晶体不显现为抽象物，反而是某种具体的，而且确实是最具体的，就好像是世上最坚硬的东西。（《逻辑哲学论》，5.5563）

我们在这样一种幻想中：对于我们的调查来说，试图捕捉到语言无可比拟的本质，是最特别、最深刻、最本质性的。那就是命题概念、词语、证明、真理、经验等之间存在的秩序，这个秩序是一个所谓的超越概念之间的超越秩序。当然正相反的是，如果这些词汇，"语言""经验""世界"，有着一种用法，它也必然和"桌子""灯""门"这些词汇的用法一样谦卑。

（98）

一方面，我们语言中的每一句话都是清晰地"依照现有秩序的"。也就是说，我们并不是在追求一个理想，好像我们普通的模糊语句还没有达到无懈可击的境界，而一个完美的语言在等待着我们去建构。另一方面，看起来很清楚的是有意义的地方必须是完美的，所以必须有完美的秩序，即使在最含糊的句子中。

（243）

人们可以鼓励自己，发出命令，服从、责备和惩罚自己，也可以自问自答。我们甚至可以想象一个只对自己说话的人，他们通过与自己说话来和自己做伴。——一个观看他们并听他们说话的研究者可能会成功地将他们的语言翻译成我们的语言。（这将使他能够正确地预测这些人的行为，因为他也听到了他们做出的决断和想好的主意。）但我们也可以想象一种语言，一个人可以写下或发出声音来表达他的内心经验——他的感觉、情绪和其他——只为了他私人的用途？——嗯，我们不能用我们的普通语言这样做吗？——但这不是我想表达的意思。这种语言的个别词语是指只能被说话的人所知道的东西，对应他即时的私人感觉，所以另一个人不可能理解这种语言。

（246）

在什么意义上我的感觉是私人的？只有我能知道我是否真的痛苦，另一个人只能臆测它，某种意义上这是错误的，在另一种意义上这是废话。如果我们使用通常被使用的"知道"一词（我们又能如何使用它呢？），那么其他人经常知道我什么时候在痛苦中。——是的，但是这些都无法像我自己知道得那么确切。——（也许除了作为一个笑话之外），我知道我很痛苦。这句话不能由我的角度来说——除了也许是我在痛苦之中吗？不能说其他人只是从我的行为中得知我的感觉——因为我不能被称为学到了这些。事实是：别人说他们怀疑我是否在痛苦是有道理的，但是我不能这样说。

（248）

"感觉是私人的"这个命题相当于"单人纸牌接龙游戏是一个人自己玩儿的"。

（249）

在我们的假设中，我们是否可能过于仓促地断定一个未断乳婴儿的微笑不是一个假装？——我们的假设是基于什么样的经验？（撒谎是一种语言游戏，像任何其他的语言游戏一样需要被学习。）

（250）

为什么狗不能模拟痛苦？它太老实了吗？可以教一条狗来

模拟疼痛吗？也许有可能教导它在特定的场合嚎叫，好像它在痛苦，即使它没有。但是把这种行为称为真正模拟所必需的环境是缺失的。

（253）

"另一个人不能拥有我的痛苦。"——哪些是我的痛苦？这里确认身份的标准是什么？考虑一下在物理对象的情况下什么使得我们说"这两个完全相同"，例如说"这个椅子不是昨天在这里看到的，但是与它完全相同"。如果可以说我的痛苦与他的痛苦是同样的，那么我们两个人也就可能有同样的痛苦。（也可以想象两个人在同一个地方感到痛苦——不只是对应的地方，例如，这可能是暹罗连体双胞胎[①]的情况。）我看到一个人在讨论这个问题的时候击打自己的胸部，然后说："但是肯定另一个人不能有这种痛苦！"——对于这个的回答是，通过强调"这个"一词并没有定义身份的标准。相反，这种强调是在暗示这样一种情况：我们熟悉这样的身份标准，但必须被提醒它的存在。

（255）

哲学家对一个问题的处理就像治疗一种疾病。

（256）

那么，有没有一种描述我内心经验的、只有我自己能理解

---

① 暹罗连体双胞胎是两个大脑共用一个身体，因此两个人可以同一个身体的同一部位同时感到疼痛。

的语言呢？我如何用词汇来代表我的感觉？——像我们通常做的？那么表达我的感觉的单词是否与我的感觉的自然表达紧密相关？在这种情况下，我的语言不是一个"私人"的。有人可能会理解它。——但假设我没有任何感觉的自然表达，只有感觉？现在我只是简单地将名称与感觉关联，并在说明中使用这些名称。

（257）

"如果人类没有表现出疼痛的外在迹象（没有呻吟、鬼脸等），那么会是什么样子？这样教孩子使用'牙痛'这个词就变得不可能。"——好吧，让我们假设孩子是一个天才，他自己为感觉发明了一个名字！但是然后，肯定地，当他使用这个词时，他不能让自己理解——他是否可以理解这个名字，却无法对任何人解释它的意义？——说"他命名了他的痛苦"到底是什么意思？——他如何做命名痛苦这件事？无论他做了什么，它的目的是什么？——一个人说"他给了他的感觉一个名字"，他忘记了语言需要大量的预先假定，才能让命名的行为变得有意义。而我们说某人给了痛苦一个名字，预先假定的是词语"痛苦"之语法的存在，它建立了新词驻留的基站。

（258）

让我们想象下面的情况。我想记录一个关于某种感觉重复出现情况的日记。为了这个目的，我把它与标志"S"相关联，并将这个标志写在我的这种感觉出现的每一天的日历当中。——我将首先指出，标志的定义不能被阐述。——但是，我仍然可以给自己一种展示性的定义——如何做呢？我可以指向那种感觉吗？在一般的意义上不能。但我说话或写下标志，同时我把注意力集中在感觉上——因此，它是向内指向感觉——但是这个仪式是为了什么？因为这似乎是一切了！一个定义肯定有助于确定一个标志的意义。——这正是通过集中我的注意力在做的，因为在这种方式下，我加深了标志和感觉之间的联系的印象。但是，"我加深了自己的印象"只能意味着：这个过程使我在未来能更正确地记得这种联系。但在目前的情况下，我没有正确性的标准。有人会说：任何对我来说似乎是正确的，就是正确的。而这只意味着在这里我们不能谈论"正确"。

（259）

私人语言的规则是规则的印象吗？——衡量那些印象的天平不是一个天平的印象。

（260）

"好吧，我相信这又一次是那种感觉。"——也许你相信你相信它！然后，在日历中做记录的人是否没有记录任何东西呢？——不要认为一个人做了一个记号在日历上，他就是在做记录——一个记录有它的功能，而这个"S"到目前为止什么也没有。（一个人可以跟自己谈话。——如果一个人说话时没有其他人在场，这是否意味着他在和自己说话？）

（261）

我们为什么称呼"S"是感觉的符号？因为"感觉"是我们共同语言的一个词，而不是一个仅靠我自己可以理解的词，所以使用这个词需要一个大家都明白的理由。——说它不需要是一种感觉不会有任何帮助，当他写"S"时，他有一些东西——这就是所有可以说的。"有"和"一些东西"也属于我们的共同语言。所以最终当一个人在做哲学时，他就会处在一个只想发出模糊声音的状态。但是这样的声音只是一种表达，它发生在一个特定的、现在应该被描述的语言游戏。

（262）

可能会说：如果你给你自己用一个词做私人定义，那么你必须在内心保证以这样或那样的方式使用这个词。你怎么保证呢？是假设你发明了使用这个词的技术，或者你发现这是现成的？

（263）

"但是我可以（在内心中）保证在未来称这个为'痛苦'。"——但是你确定你已经保证了吗？你确定这足以让你的注意力集中在你的感觉上吗？——一个奇怪的问题。

（264）

"一旦你知道这个词代表了什么，你就理解了它，你就知道了它的全部用途。"

（265）

让我们想象一个只存在于我们想象中的表（类似字典），字典可以用来证明单词 X 被单词 Y 翻译的理由。但是，如果这样的表只是在想象中被查找，我们还能把它称为一个理由吗？——"嗯，是的，那是一个主观的理由。"——但是理由包括被一些独立的东西认可。——"但是我肯定可以从一个记忆诉诸另一个记忆，例如，我不知道我是否记得火车出发的时间，并检查它令我想起一个时刻表看起来的样子，这不一样吗？"——不，因为这个过程已经产生了一个实际上是正确的记忆。如果时刻表的心理图像本身不能被测试是正确的，如何确认第一个记忆的正确性？（好像有人要买几份早报，以确保报纸说的是真实的。）在想象中查找一张表不再是查找一张表，就好像一个想象中实验的结果不是一个实验的结果。

（266）

我可以看看时钟，看看它是什么时间；但我也可以看一下时钟的表盘，以猜测这个时候是几点；或者为了相同的目的移动时钟的指针，直到它的位置让我觉得是正确的。因此，看一个时钟这个举动可以用于多种确定时间的方式。（在想象中看时钟。）

（267）

假设我想为一个在我想象中建造的桥梁规模来提供论证，于是我在我的想象中对桥梁的材料进行承重测试。这当然是为想象中的桥梁规模提供理由。但是，我们也应该称它为桥梁规模想象的论证吗?

（268）

为什么我的右手不能给我左手的钱？因为我的右手可以把它放在我的左手里。我的右手可以写一张赠予契约，我的左手写一张收据。但是，进一步的实际后果不会是礼物。当左手从右手拿到了钱，我们会问："嗯，这是什么？"同样可以问一个人是否给自己一个单词的私人定义，我的意思是，如果他对自己说过这个单词，同时又把他的注意力导向了一种感觉。

（269）

让我们记住，一个人不理解一个词，在他的行为中有一定的标准，这个词对他来说没有任何意义，他不能用它做任何事情。而他的"他觉得他理解"的标准，附加了一些意思在这个词上，但不是正确的。最后，他正确理解这个词的标准。第一种情况是指一个人不可理解一个词也不用它做任何事。第二种情况是指觉得自己理解却理解错了。第三种情况是指正确理解了这个词。在第二种情况下，人们可以说主观的理解。没有人能理解但我"似乎理解"的声音也许可以被称为"私人语言"。

（270）

现在让我们想象一下在我的日记中输入符号"S"的用法。我发现，每当我有一种特别的感觉，一个压力计表明我的血压升高。所以我可以说，我的血压正在上升，没有使用任何器具，这是一个有用的结果。现在看起来无论我是否已经正确地认识到我的感觉都没有关系，让我们假设我经常发现这是错的，这也没有一点关系。这就是说，我犯了一个错误的假设只是表演。（我们就好像，转动了一个旋钮，看起来好像它可以用来打开机器的某些部分，但它其实只是一个装饰，并没有连接的机制。）

而什么是我们用"S"这个名字表示这个感觉的原因？也许是这种符号在语言游戏中使用的方式——而为什么一种"特殊的感觉"，即每次都是同样的一个？那么，我们是不是应该每次都写"S"？

（271）

"想象一个人的记忆无法保留'痛苦'这个词的意思，所以他不断地用'痛苦'来称呼不同的东西——但是他用一种与疼痛的常见症状和假设相适应的方式使用它"——简单地说，他和我们一样使用它。在这里我想说：一个可以转动的轮子，如果没有别的东西随着它移动，就不是机制的一部分。

（272）

私人经验的本质并不在于每个人都拥有自己的榜样，而是没有人知道其他人是否也拥有这个或其他东西。因此，这一假设是可能的——虽然不可能验证——人类的一部分有一种红色的感觉，而另一部分有另一个感觉。

（273）

关于"红色"我能说什么？——这意味着一些"对抗我们所有人"的东西，每个人真的应该有另一个单词，除了这一个，意味着自己对红色的感觉？或者是这样："红色"一词意味着每个人都知道的东西，在此之上，对于每个人，它意味着只有他知道的东西？（或者应该说，它指涉的是只有他知道的东西。）

（274）

当然，说"红色"一词是"它指涉"（beziehen）而不是"它指称"（bezeichnen）私人的东西无助于我们掌握它的功能，但是对于一个特定的哲学经验来说，这是心理学上更适当的表达。这就好像当我说出这个词时，我撇了我的私人感觉一眼，好像它是为了对自己说：我确实知道它的意思。

（275）

看看天空的蓝色，并对自己说"天有多么蓝！"——当你自发地这么做——没有哲学的意图——这种印象的颜色只属于你自己的想法，其实永远不会浮现在你的脑海之中。你毫不犹豫地向别人喊叫。如果你指着什么，就像你指向天空说这个词。我现在说：你没有指向自身的那种感觉，那种当一个人在思考"私人语言"是往往伴随着的"命名的感觉"。你也不认为你真的不应该用手指着颜色，而是考虑你的颜色。（考虑它的意思"专注地指向某事"。）

（276）

但是，当我们看到一种颜色，并命名我们的色彩印象时，我们不是至少意味着什么确定的东西吗？就好像我们从物体上剥离了色彩印象，就像一层薄膜一样。（这应该引起我们的怀疑。）

（277）

但是，我们怎么有可能被误以为我们使用一个词来表示每个人都知道的颜色——而用另一个表示是我现在得到的"视觉印象"？怎么会有这样一个诱惑在这里？——对于两种情况下的颜色我有着不同的注意力。当我觉得（这是我想说的）颜色印象是只属于我一个人的，我把自己沉浸在颜色里——好像我"不能得到足够的颜色"似的。因此，当一个人看着一个明亮的颜色，或一个令人印象深刻的配色，这种体验更容易出现。

（278）

"我知道我看到的绿色是什么样的。"——这肯定是有意义的！——当然，你想要如何使用这个命题呢？

（279）

想想有人说："但我知道我有多高！"并把他的手放在他的头顶上来证明这一点。

（280）

有人画一幅画以展示他如何想象一个戏剧场景。现在我说:"这幅图画有双重功能,它被用来和其他人交流,图片或词语的交流——但是对于给予信息的人,这是另一种类型的表示(或信息的片段)。对他来说,这是他的想象的图画,因此它不能是任何其他人的。对他来说,他的私人印象的图画意味着他所想象的,在某种意义上,图画不能对其他人有着同样的意义。"——我在第二种情况下有什么权利谈论一个表示或者信息的片段——如果这些话在第一种情况下是被正确使用的?

(281)

"但是你所说的不是这样的:例如,没有疼痛行为就没有疼痛?"——这归结到:只有对于活的人类和一个类似于(行为相似)活的人类,一个人可以说:它有感觉;它看到;它是瞎的;听到;是聋的;是有意识的或无意识的。

(282)

"但在童话故事里,锅也可以看到和听到!"(当然,它也可以说话。)"但童话只是发明了实际之外的情况:它并不是废话"——这不是那么简单。我们应该认为锅说话是假的还是无意义的?我们是否清楚地描述了我们应该谈论的一个锅说话的情况?(即使是一首无意义的诗,也不是无意义的,就像一个孩子的胡说一样)。我们确实会说一个无生命的东西,它是痛苦的,例如玩洋娃娃。但是这种疼痛概念的使用是次一级的。想象一下,人们将痛苦仅归于无生命的事情,只怜悯洋娃娃!(当孩子们在火车上玩耍时,他们的游戏与他们的火车知识有关,然而,一个部落的孩子们可能没有见过火车,但从他人那里学来了这个游戏，并且玩它，但不知道它是从任何东西复制而来的。一个人可以说，这个游戏对他们和对我们具有不同的意义。）

（283）
是什么给了我们这种生物或东西可以感觉的想法？

是我的教育引导我注意到自己的感觉，现在我把想法转移到自己以外的对象？我认识到有什么东西在那里（在我里面），我可以称为"痛苦"，而不会与其他人使用这个词的方式冲突？——我不把我的想法转移到石头、植物等。

我难道不能想象有一种可怕的痛苦，可以把我们变成石头？那么，我怎么知道，如果我闭上眼睛，我是否没有变成石头？如果这件事发生了，在什么意义上石头会有痛苦？在什么意义上，疼痛可以归于石头？为什么痛苦需要有一个承受者在这里？

一个人是否可以说石头有灵魂，而它的灵魂有痛苦？灵魂或痛苦，和石头有什么关联？

只有什么东西的行为像一个人，一个人才可以说它有痛苦。因为一个人不得不对一个身体说痛苦，或者，如果你喜欢的话，对某些身体所拥有的灵魂。身体如何能有灵魂呢？

（308）

关于心理过程、心理状态以及行为主义的哲学问题是如何产生的？——第一步是完全逃避了注意的。我们谈论过程和状态，却留下它们的本质悬而未决。我们认为有时候我们也许会更多地了解它们。但这只是因为我们以一种特定的方式看待这件东西。因为我们有一个明确的概念，学会更好地了解这个过程的意思是什么。（在戏法中的决定性的动作已经被做出了，它是我们认为相当无辜的那个。）——现在，使我们理解我们想法的类比被粉碎了。因此，我们必须否认在尚未探索的媒介中尚未完全理解的过程。现在看起来好像我们否认了心理过程，而且自然而然我们不想否认它们。

（309）

你在哲学上的目标是什么？——展示从捕蝇瓶中飞出来的道路。

（327）

"一个人可以完全不说话但还可以思考吗？"——什么是思考？——嗯，你从没有想过吗？你不能观察一下自己，看看发生了什么吗？这应该很简单。你无须像等一个天文事件那样等待它，然后也许是很匆忙地观察。

（328）

那么，在"思考"中包括什么？一个人学会了什么才能使用这个词？——如果我说我有想法——我需要总是对的吗？——在这里有可以犯什么样错误的余地？是否有这样的情况，有人会这样问："我曾在做的真的是思考吗，我是不是犯了一个错误？"假设有人在一个思想序列的中间进行测量：如果他在测量期间对自己没有说任何东西，他是否打断了思想？

（329）

当我用语言思考时，除了口头表达之外，没有"意义"闪现在我心中：语言本身是思想的载体。

（330）

思考是一种说话吗？一个人也许想说，这就是区分了有思想的说和没有思考的谈论的事，所以它似乎是一个说的伴随物。一个过程，可能伴随着别的东西，或者可以自己继续。说："是的，这支笔是钝的，哦，好吧。"首先，思考它；其次，没有思想；最后，只是思考那个想法没有言辞。在写作时，我可能会测试我的笔尖，画一张人脸——然后继续，做出一个放弃的姿态。——我可能也采取这样的方式，同时采取各种测量，旁观者会说，我有——没有言辞的——思想：如果两个量值都等于第三个，它们彼此相等。但是，这里思想的构成不是一些必须伴随着这些言辞的过程，如果它们不被没有思考地说出。

（331）

想象一下只能发出声思考的人。（就像有人只能读出声。）

(341)

有和没有思想的言语,可以与有和没有思想地演奏一段音乐来进行比较。

(342)

威廉·詹姆斯,为了表明思想可能是没有言语的,引用了一个聋哑人的回忆,巴拉德先生,他写道,在他很小的时候,甚至在他可以说话之前,他就有关于上帝和世界的想法——他是什么意思呢?——巴拉德写道:"正是在那些令人愉快的行程中,在我开始学习书面语言之前两三年,我开始问自己一个问题:世界是如何形成的?"——你真的确定——一个人会想问——这是你的无字思想的正确的语言翻译吗?为什么这个问题——反之似乎不存在——在这里冒出头来?我是否想说作家的记忆欺骗了他?——我甚至不知道我是否应该说这个。这些回忆是一种奇怪的记忆现象——我不知道对于叙述它们的人,我们可以得出什么样的结论。

(357)

我们不说狗可能会和自己说话。这是因为我们非常熟悉它的灵魂吗?那么,人们可以这样说:如果一个人看到一个生物的行为,就会看到它的灵魂。但我也在我自己的情况下说,我正在和自己说话,因为我在如此这样的行为?——我不说是从我的行为观察的。但只因为我做这样的行为,它才有意义。——那么不是因为我意味着它,它才是有意义的吗?

（359）

一台机器能思考吗？——它能痛苦吗？——是的，人体不就被称为这样的机器吗？它肯定是尽可能接近于这样的一台机器。

（360）

但是一台机器肯定不能思考！——这是一个经验的陈述吗？不。我们只说一个人类或者类似的东西思考。我们也对洋娃娃这么说，毫无疑问也对鬼神这么说，把"思考"这个词看为一种工具。

（410）

"我"不是一个人的名字，"这里"也不是一个地方，"这"也不是名字，但它们与名字有着联系。名字通过它们被解释，这也是真的，物理学的特点就是不使用这些词。

（411）

考虑以下问题可以如何被应用，以及如何回答：
① "这些书是我的书吗？"
② "这只脚是我的脚吗？"
③ "这个身体是我的身体吗？"
④ "这种感觉是我的感觉吗？"
每个问题都有实际的（非哲学的）应用。
第②个问题，想想我的脚麻醉或瘫痪的情况。在某些情况下，这个问题可以通过确定我是否能感觉到脚的疼痛来回答。

第③个问题，这里可能是指镜子中的形象。然而，在某些特定情况下，人也可能触摸身体并提出这个问题。在其他情况下，这个问题的意思是相同的："我的身体看起来像这样吗？"

第④个问题，这种感觉意味着哪种感觉？即：在这里使用的指示代词是什么？当然不是和第一个例子同样的！这里的混乱发生是因为一个人想象通过把他的注意力引向一个感觉，他就在指向这种感觉。

（412）

意识和大脑过程之间存在着一个不可跨越的鸿沟的感觉：它为何没有参与我们普通生活的考量之中？这个种类差异的想法伴随着轻微的晕眩——这发生在我们玩一个逻辑魔术的时候。（当我们在集合论中考虑某些定理时，同样的晕眩也击中了我们。）这种感觉在当下这个情况下是何时发生的？例如，是当我以一种特殊的方式把我的注意力转移到我自己的意识上的时候，并惊讶地对自己说：这应该是由大脑中的一个过程产生的——好像它抓住了我的额头。——但是"把我的注意力转移到我自己的意识"到底是什么意思？这肯定是一件非常奇怪的事情。我把这个行为称为一个特别的注视行为。我目不转睛地注视着我的前方——但不是任何特定的点或对象。我的眼睛睁开，眉毛没有收紧。（因为当我对一个特定的对象感兴趣时，我就是这样的。）在这种注视之前没有令我感兴趣的东西，我的视线中是空无一物的，或者好像某人在欣赏天空的幻影和在光之中饮酒。

现在记住，我把它当作一个悖论（这是由大脑过程产生的）说出的这个命题其实没有什么自我矛盾之处。我可以在一个实验的过程中说，它的目的是说明，我看到的光的效应是通过刺激大脑的特定部分产生的。——但我没有在一个日常和非悖论的意义的环境下来说出这个句子。而我的注意力并不是那样的，就是可以做一个符合实验的需要的。（如果是，那么我的注视一定会是有目标的，而不是空洞的。）

（413）

这里我们有一个自省的情况，与威廉·詹姆斯从中得出的想法很相似，"自我"主要由"头部和头部与喉咙之间那些部位的特殊运动"组成。而詹姆斯的内省展示的，并不是"自我"这个词的意思（只要它意味着像"人""人类""他自己""我自己"这些意思），也不是任何这些东西的分析，而是当哲学家对自己说"自我"并尝试分析其意义时，哲学家注意力的状态。（从这里可以学到很多东西。）

（414）

你认为无论如何你一定是在编织一块布：因为你坐在织布机前——即使它是空的——并做着编织的举动。

（415）

我们其实提供的是对人类自然历史的评论，我们不是在助长好奇心，而是提供一些无人曾注意过的观察。只是这些观察就在我们眼前，而一直逃避了评论。

(416)

"人类都同意说,他们看到、听到、感觉等(即使有些是盲人,有些是耳聋的人)。所以他们是他们自己有意识的见证"——但是这多么奇怪!如果我说"我有意识",我其实在告知谁?对我自己说这个的用意是什么,而另一个人如何能理解我呢?——现在,像"我看到""我听到""我有意识"这样的表达其实有着它们的用途。我告诉医生"现在我可以再次用这只耳朵听了",或者我告诉某个相信我昏过去了的人"我再次有意识了",等等。

(417)

我是否观察自己,然后,并感觉到我在看或者我有意识?为什么要谈论观察呢?为什么不简单地说"我感觉到我有意识"?——但是在这里,什么是"我感觉"?——为什么不说"我有意识"?——但在这里说"我感觉"不是代表了我注意到我的意识?——这并不是通常的情况。——如果是这样,那么这个句子"我认为我有意识"没有说我有意识,而是说我的注意力是以这样或那样的方式分布的。但不是有一种特别的经历,我会说"我再次有意识了"?——什么经验呢?在什么情况下我们会如此说呢?

(418)

我的意识是一个经验事实吗?

但是,人们不是说一个人有意识,而一棵树或一块石头则没有?——如果恰恰相反,会是什么样子呢?——人类会是没有意识的吗?不,在这个词的一般意义上不是这样。但例如,我不应该有意识——而我现在实际上拥有它。

(419)

在什么情况下,我应该说一个部落有一位酋长?而酋长必须有意识。当然,我们不能有一个没有意识的酋长!

(420)

但我是否可以想象我周围的人其实是自动机,他们缺乏意识,即使他们的行为与平常一样?——现在如果我想象它——独自在我的房间——我看到人有固定的样子(比如呆立的样子)在做他们的事——这个想法也许有点异乎寻常。但是仅仅试图保持这个想法在你与他人的普通交往中,比方说在街上!例如,对你自己说:"那里的孩子只是自动机,他们的活力只是自动机。你会发现这些话变得毫无意义,或者你会为自己制造一种异乎寻常的感觉,或者类似的东西。"

把一个活的人看成一个自动机,类似于把一个数字看成一个极限情况或另一种变形;或者另一个例子,把一个窗棂看成一个十字架。

(421)

对我们来说似乎矛盾的是,我们可以在一个报告中,将物质状态和意识状态混合在一起:"他受了很痛苦的折磨,不安地离去了。"这是很平常的,那么为什么我们觉得它是矛盾的?因为我们想说这句话同时处理有形的和无形的东西——但是如果我说"这三个支架赋予了建筑物稳定性",你会担心吗?三和稳定是有形的吗?把这句话当作一种工具,而它的意义就是它的用途。

(422)

当我相信人有灵魂时,我相信了什么?当我相信这种物质含有两个碳环时,我相信了什么?在这两种情况下,都有一种图像在前景,但是意义却在背景深处,那就是图像的应用不容易被考察到。

(436)

这里很容易走进哲学中的死胡同,人们相信我们面临的困难在于必须描述难以掌握的现象,当前快速滑过的经验,或者类似的事。在那里我们发现普通语言太粗糙,看起来好像我们必须处理的不是日常现象,而是那些"稍纵即逝的现象","并且在它们来到和逝去之中,同时产生出的近似的现象"。（Augustine: Manifestissima et usitatissima sunt, et eadem rusus nimis latent, et nova est inventio eorum. 奥古斯丁：它们是最明显和最平常的,隐藏得太深,发现其意义实为新事。）

(437)

我们似乎已经有一个愿望知道什么会或将会满足它,一个命题、一个思想——即使那个东西根本不存在,也为真的东西！当那些不存在时,这又是何时被决定的?这种专断的需求?

（"逻辑的坚不可摧必须如此。"）

（438）

"一个这样的计划是不令人满意的。"（像一个愿望、一个期望、一个怀疑，等等。）

我的意思是：期望是不令人满意的，因为它是对某事的期望；信仰、意见，是不令人满意的，因为它认为某事是真的，某些在信仰之外的东西是真的。

（445）

预期和实现在语言中互相接触。

（462）

我可以寻找他，当他不在那里；我却无法把他吊起来，当他不在那里。人们可能想说："但如果我在寻找他，他就必须在那里。"——那么如果我找不到他，甚至他根本不存在，他也必须在某处。

（463）

"你在寻找他吗？你甚至不知道他是否在那里！"——但是当人们在数学中寻找一些东西时，这个问题确实会发生。例如，人们可以问，如何找到任意角的三等分？

（464）

我的目的是：把不曾昭然若揭的胡话转变为昭然若揭的胡话。

（466）

人思考是为了什么？它的用途是什么？——他为什么根据计算来制造锅炉，而不是随机地决定炉壁的厚度？毕竟，这只是一个经验的事实，如果根据计算来制造锅炉，就不会爆炸得特别频繁。但是，就像曾经被烧过一样，他宁可做任何事，也不愿把他的手放在火中，所以他宁可做任何事情，也不愿不对锅炉进行计算。——但是，由于我们对原因不感兴趣——我们应该说：人类在事实上认为，例如，这就是他们做锅炉的过程。——现在，用这种方式生产的锅炉也可能爆炸吗？哦，当然可能。

（467）

那么，人是否认为，因为他发现思考会有回报？——因为他认为思考会有利吗？

（他抚养他的孩子，因为他发现有回报？）

（468）

什么东西会显示出：人为什么思考？

（469）

可以说，思想已被发现是有回报的。例如，我们不再依照感觉去决定炉壁的厚度，而是进行这样那样的计算。或者，让每个计算都由一个工程师进行，而由第二个来检查。这样锅炉爆炸就比以前少了。

（470）

之所以我们有时思考，是因为发现它是有回报的。

（471）

经常发生的是，仅当我们压下"为什么"的问题时，我们才能意识到重要的事实。然后在我们调查的过程中，这些事实引导我们得到答案。

（472）

在我们对自己的期望感到恐惧的情况下，对自然统一性的信仰的本质可能会被最清楚地看到。没有什么可以诱使我把我的手放入火焰——虽然仅仅只是在过去，我曾经烧伤过自己。

（473）

相信火将烧伤我，与害怕火会烧伤我，是同类恐惧。

（474）

如果我把手放在火中，我会被烧伤：这是肯定的。

也就是说：这里我们看到确定性的含义。（它的含义，并不只是"确定性"这个词的意思。）

（475）

当被问及假设的理由时，一个人会再次思考一下。当人们考虑什么可能是事件的原因时，在这里发生的是同样的事情吗？

（476）

我们应该区分恐惧的目标和恐惧的原因。

因此，一个激发恐惧或喜悦的面孔（恐惧或喜悦的对象），不是因为它的原因，而是因为——也许一个人会说——它的目标。

（477）

"为什么你相信在火热的铁板上你会把自己烧伤？"——你有理由吗？你需要理由吗？

（478）

什么样的原因让我假设，当我的手指触摸到桌子时会感到阻力？什么样的理由让我相信，如果这支铅笔扎破我的手，我会感到疼痛——当我问这个时，一百个理由都会出现，每一个都淹没了其他理由的声音。"但我经历了无数次，而且经常听到类似的经历；如果不是这样，就会……"

（479）

"你为何相信它？"这一问题可能意味着："你根据什么推导了它（你是否刚刚推导了它）？"但它也可能意味着："这个假设，你是根据什么理由想出来的？"

（480）

因此，人们实际上的"理由"可以只意味着他到达这个看法之前对自己说了什么，他实际进行了计算。如果现在问：以前的经验如何可以作为设想这件事将会发生的理由？——答案是：我们有什么一般概念的理由支持这种假设？这种关于过去的陈述就是假设这将在未来发生的基础。而如果你对我们玩这样的游戏感到惊讶，我会让你参考一下过去经验的效果（一个被烧的孩子害怕火的事实）。

（481）

如果有人说过去的信息不能说服他之后会发生什么样的事，我会无法理解他。有人可能会问他：你预期你会被告知什么？你觉得什么样的信息是这种相信的基础呢？你将什么称为"信服"？你期望以什么样的方式被说服？——如果这些都不是基础，那么什么是基础？——如果你说这些都不是基础，那么你肯定能够说出在什么样的情况下，我们有权说我们的假设是有基础的。

注意：这里的基础不是那种命题，它在逻辑上意味着我们相信的东西。

但也不像人们会说的那样：相信比知识需要得更少。——因为这里谈的不是一个逻辑推理的问题。

（482）

我们被这种说法误导："这是一个很好的基础，因为它使事件的发生成为可能。"这就好像我们进一步断言了关于基础的什么东西，这让它可以正当地作为一个基础；而说这种基础使得这种情况很可能发生，只是说这个基础达到了一个特定的良好基础的标准——但是这个标准本身并没有基础。

（483）
好的基础是看起来就是可靠的基础。

（484）
有人想说："这是一个很好的基础，因为它使事件真的很可能发生。"可以说，它真的对事件有着影响，因为它是经验上的影响。

（485）
依据经验得到的正当性到达了它的终点。如果它没有，它就不是正当的。

（514）
一个哲学家说，他理解"我在这里"这句话的意思，通过它，他意味着一些东西，想到一些东西——即使他根本没有思考在什么场合如何使用这句话。而如果我说"一枝玫瑰在黑暗中也是红色的"，你就在你面前看到了这个黑暗中的红色。

（515）
玫瑰在黑暗中的两幅图像。一幅是完全黑色的，因为玫瑰是看不见的。在另一幅中，玫瑰被描绘出全部细节和包围着它的黑色。是否其中一个是正确的，而另一个是错误的？难道我们不是也会谈论黑暗中的白玫瑰和黑暗中的红玫瑰吗？然而我们不是也会说它们在黑暗中完全无法被区分？

（543）

我难道不能说：一个哭泣，一个大笑，都充满意义吗？这大致意味着：从它们之中可以解读出很多东西。

（544）

渴望让我哭了"哦，但愿他会来！"这种感觉为这些词语赋予了"意义"。但这里也为个别的词语赋予了它们的意义吗？但在这里一个人也可以这么说，这种感觉给了这些词语真实性。从这里你可以看到概念是如何融合的。（这让我们回想起一个问题：数学命题的意义是什么？）

（545）

但是一个人说"我希望他会来"——这种感觉不是给了"希望"这个词以意义吗？（那应该怎么理解这句话"我不再希望他来了"？）这种感觉也许给了"希望"这个词一种特殊的声音，也就是说，它是在这个声音中表达的。——如果这个感觉为这个词赋予了意义，那么这里的"意思"就是关键。但为什么感觉是关键？

希望是一种感觉吗？（具有特征的标记。）

（546）

以这种方式，我想说这些词语"哦，让他来吧！"充满着我的渴望。然而词语也可以从我们这里被扭曲——像一声哭泣。

词语可能很难以说出：例如，导致一个放弃，或者忏悔一个弱点。（言语也是行为。）

（547）
否定：一种"心理活动"。当否定一些东西时，观察一下你正在做什么——你也许是在内心摇头？如果你这样做——这个过程就比其他的更值得我们关注，比如说，在句子中写一个否定的符号？你现在知道否定的本质了吗？

（548）
这两个过程之间的区别是什么：希望某事发生——还希望同一件事不发生？如果我们想要用图像来表示它，我们可以用种种方式对待事件：划掉它，用线圈起来，等等。但我们觉得这是一种粗暴的表达方式。在词语中，我们确实使用符号"不"，但这就像一个笨拙的权宜之计。我们认为在思想中的安排应该是不同的。

（569）
语言是一种工具，它的概念是工具。现在也许有人认为我们使用什么概念没有太大的区别。毕竟，用英尺和英寸，与用米和厘米来做物理学都是可以的，差别仅仅在于是否方便。但是，即使这是不正确的，例如，在一些计量系统中的运算，比我们能承受的，需要更多的时间和努力。

七、《哲学研究》第二部分选译

（4）

"我相信他在受苦。"——我也相信他不是一台自动机吗？

"相信"这个词用在以上两种关联中都是不合常规的。（或者是这样的：我相信他在受苦，但我肯定他不是一台自动机？我的废话。）

假设我说一个朋友："他不是一台自动机。"——这传达了什么信息，以及信息的对象是谁？对象是在一般情况下遇见他的人？这能给他什么信息？（至多，这个人总是表现得像一个人，而不是偶尔像一台机器。）

"我相信他不是一台自动机"，就这样，到目前为止没有任何意义。

我对他的态度是对灵魂的态度。我不认为他有灵魂。

宗教里说，当身体消失时，灵魂还可以存在。现在我明白这个教导吗？——我明白了，当然——我可以想象与它相关的很多事情。这些东西的图像是否被画出来了呢？为什么这样的图像只是形诸话语的思想的不完美渲染？为什么它不能和词语一样为我们服务？而在这里为我们服务才是重点。

如果头脑中思想的图像可以把它自身强加给我们，为什么灵魂中的思想不能？

人体是人类灵魂最好的图像。

这样的表达如何："在我心里我理解你所说的"，指向一个人的心？也许，一个人的意思并不是这个手势？当然这是他的意思。一个人是否有意识地在使用一个象征？事实上并不是——这不是一个我们选择的图像，不是一个比喻，但它是一个图像化的表达。

（7）
人们醒来后告诉我们某些事件（他们曾经到过这样或那样的地方，等等）。然后我们教他们"我梦见"这个表达方式，比之前的叙述要更好。后来我有时间他们："你昨晚做梦了吗？"我得到是或否的回答，他们有时会向我讲述一个梦，有时不会。这就是语言游戏。（我在这里设想我自己不做梦。然而，我也从没有看见虚幻事物的感觉，但其他人有，而我可以询问他们的经验。）
现在我必须做一些设想，人们是否被他们的记忆欺骗。当他们睡觉时,是否真的有过这些影像,或者只是在醒来时似乎觉得如此?这个问题有什么意义吗?——又有什么好处?当有人告诉我们他的梦时,我们可曾问过自己这个问题?如果没有过——是因为我们确信他的记忆不会欺骗他吗?(假设他是一个记性特别坏的人。)

这是否意味着,无论梦是否真的发生在睡眠中,或者是睡醒后的记忆现象,这个问题其实并没有意义?这取决于问题的用法。

"头脑似乎能够给一个词以意义"——这是否就好像我说"苯中的碳原子似乎位于六角形的各个角上?"但这不是似乎,它是一幅图像。

高等动物和人类的进化,以及在特定水平时意识的觉醒。那个画面是这样的:虽然以太到处在振动,世界还是黑暗的。但有一天,人睁开了他的眼睛,于是有了光。

这种语言主要描述的是一幅图像。对图像能做什么,如何使用它,仍然是模糊的。然而,如果我们想要理解我们所说的意义,则必须探索它。但是图像似乎节省了我们这项工作:它已经指向一个特定的用途,它就是这样引导我们的。

(10)
我们如何使用"我相信……"这样的表达方式?我们是否

在某些时候开始意识到一种（相信的）现象？我们是否通过观察自己和其他人，从而发现了相信这种东西？

摩尔悖论可以这样表示："我相信这是如此的"这句用法可以和断言"这是如此的"用法相似；然而，"我相信这是如此的"的假设和"这是如此的"的假设的使用方式并不相同。

所以看起来就好像"我相信"这个断言，并不是在"我相信"的假设中所假设的断言！

同样，"我相信将要下雨"这一说法和"将要下雨"意义相似，即用法相似，但"我曾经相信将要下雨"和"曾经下过雨了"的意义却不相似。

"但肯定的，'我曾经相信'必须在过去告诉我的东西，必然和现在'我相信'告诉我的是一样的！"——当然根号-1和-i的关系必然和根号-1与i的关系是相同的！这不意味着任何事。

"在心里，当我说'我相信……'我是在描述我自己的心理状态——但这种描述间接地是对所相信的事实的断言。"——在某些情况下，我描述一张照片，是为了描述照片里的东西。

但是，我也必然能够说，这是张好照片。因此这里也可以这样说："我相信会下雨，我的相信是可靠的，所以我对它有信心。"——在这种情况下，我的信念将是一种感官印象。

一个人可以不信任自己的感觉，但不能不信任自己的相信。

如果有一个动词意为"错误的相信"，它无法有意义地表示为第一人称的现在时。

不要把它看作是理所当然的，而要作为一个最殊异的事，动词"相信""愿望""将要"显示了所有"切割""咀嚼""奔跑"的变调。

报告的语言游戏可以给出这样的转变，即报告不意味着向听众讲述关于其主题的东西，而是关于做报告的那个人。

例如，当教师检查学生时就是这样。（您可以通过测量来检验标尺。）

假设我要引入一些表达式——例如，"我相信"——以这种方式：当报告是提供有关做报告的人的信息时，它将作为报告的前缀。（所以表达式不需要带有任何不确定性的暗示。请记住，一个断言的不确定性可以表示："他今天可能会来。"）——"我相信……而这不是如此"则会自相矛盾。

"我相信……"让我的状态更明晰。关于我的行为的结论可以从这个表述中得出，所以这和感情的表达、心情的表达等有相似之处。

然而，如果"我相信它是如此"让我的状态更明晰，那么"它是如此"这个断言也有同样的效果。因为"我相信"这个符号并不能做到，最多可以提示。

想象一种语言，其中"我相信它是如此"仅仅通过断言"它是如此"的语调来表达。在这种语言中，他们不是说"他相信"，而是说"他倾向于说……"，而且还存在假设的（虚拟式）"假设我倾向于"等，但不是直接表达"我倾向于说"。

摩尔悖论在这种语言中不存在，但是取而代之的是，有一种动词缺乏一种时态变化。

但这不应该让我们惊讶。想想一个事实，人们可以借用意图的表达预言自己的未来行动。

我说别人"他似乎相信……"，其他人也可以如此说我。那么，为什么我从来不说自己，即使别人有权利这么说我呢？——我自己没有看到和听到吗？——可以这样说。

"一个人在自己身上感觉到信念，而不是从自己的话语或这些话语的语气中推断出信念。"——这一点是真的：一个人不是从自己的话语中推断出自己的信念，也不是从自己的话语中推断由这种信念产生的行动。

"在这里，看起来好像断言'我相信'不是那个假设中设想的断言。"——所以我很想找到这个动词在第一人称现在时表示出的不同变化。

这是我的想法：相信是一种心理状态。它有持续时间，并且不依赖于其在句子中表达的过程而持续一段时间，所以它是那个怀有相信的人的一种心向，其他人通过他的行为和话语向我表明这一点。他用"我相信……"这个表述，也可以通过简单的加以断言来表明这一点。——我自己的情况又是如何的呢？我自己如何认识我自己的心向？——在这里我有必要注意自己像注意其他人一样，听我自己说话，要能够从我的话中得出结论。

我与我自己的话的关系完全不同于别人与我的话的关系。
动词的不同演变是可能的，如果我可以说"我似乎相信"。

如果我听到我口中的话，我可能会说：有别人曾经通过我的嘴在说话。

"依我说的话来判断，这是我相信的。"现在，想出这些话语是具有意义的情况，是完全可能的。
也有可能有些人会说"正在下雨，而我不相信它"，或"在我看来，关于相信这一点，它也许不是真的"。一个人必须用一种行为来补充这个图像，以便解释两个人曾经在通过我的嘴说话。

即使在假设中，线索也不是你想的那样。

当你说"假设我相信……"时你就预先假定了"相信"这个词的整个语法，即你所掌握的普遍用法。——你不是假定某种状态，好像一幅图像毫无疑义地呈现给你那样的状态，这样你就可以附加在这种假设上一些断言而不是普通的使用方法。——如果你不是已经熟悉了如何使用"相信"，你不会知道你在这里假设了什么（例如：将从这样的假设得到什么）。

想想"我说……"的表达，例如在"我说今天将要下雨"，它只是与断言"今天将要……"是同一回事。"他说将要……"大致意味着"他相信将要……"。"假设我说……"并不意味着：假设今天要……

不同的概念在这里相互接触，并吻合在一起。但你不必认为所有的线都是圆形。

再考虑一下错误的句子："有可能在下雨，但没有下雨"。在这里，应该警惕地反对这种说法："有可能在下雨"，其实意味着"我认为将会下雨"。为什么不反过来说后者其实是意味着前者呢？

不要将犹豫的断言视为犹豫性的断言。

（14）
心理学的混乱和贫瘠不能通过称为"年轻科学"来解释，它的状态与物理学的状态是不可比拟的，例如在它的早期阶段。

（心理学反而可以类比数学的某些分支，例如集合理论。）因为在心理学中实验方法和概念上的混乱并存。（在另一种情况下，概念上的混乱和证明的方法并存。）

实验方法的存在使我们认为我们有办法解决困扰我们的问题，虽然问题和方法各行其是。

一种与数学相关的调查是可能的，这也完全类似于我们对心理学的调查。它基本不是一个数学的调查，也不是一个心理学的调查。它不会包含计算，因此也不是逻辑性的。它可能值得称作一个"数学基础"的调查。

第五讲
伦理与信仰

一、一篇关于伦理学的讲演
二、关于弗雷泽《金枝》的评论

一、一篇关于伦理学的讲演[①]

对于价值的陈述，只要是正确的，都只具有相对的意义。例如："这是去格兰切斯特的正确道路""这个男人是个很好的赛跑手"，这里的正确和好只是相对的陈述，并不具有绝对的价值。从这种理由上看，绝对价值似乎是不存在的，所有我们表述出来为真的价值，如果刨根问底，都没有什么绝对的意义。所以很多人会认为人生是没有意义的，一切都是虚无。

那么是什么东西诱使我们，仍然想要使用"绝对的善""绝对价值"这种说法，我们心里所想的是什么？我们想要表达的是什么？维特根斯坦举了三个他自己有亲身体验的例子：第一个例子是惊异于这个世界的存在，或者说感觉世界的存在是一个奇迹；第二个例子是感受到绝对的安全感，或者无论发生什么事情都不能伤害我的感觉；第三个例子感到有罪的经验。

这些经验有三个特点：首先，它们不是玄妙而不可及的，它们似乎就在每个人的脑海里和生活中，即使还没有达到，也

[①] The Collected Works of Ludwig Wittgenstein, Ed.G.E.M.Anscombe, G.H.von Wright, Rush Rhees, Heikki Nyman（Intelex, 1998）.

是可能触及的。其次，它们有对等的有关宗教的陈述，但是不带来必然附属的信条和戒律。人们可以拥有它们，而不必顺从除了自己心灵之外的指引。对于不在宗教氛围里成长的人来说，把这些关于绝对价值的体验独立于宗教之外，让人更容易接受它们。最终也是最重要的，它们准确地来说都是错误的，但是对于我们的生活却比那些正确的陈述具有着更加重要的意义。

维特根斯坦认为任何关于绝对价值的表述都是设法突破语言的界限，而这必然是无法成功的。但是"伦理学是出自想要谈论生命的终极意义、绝对的善、绝对的价值，这种伦理学不可能是科学。它所说的东西对我们任何意义上的知识都没有增加任何新的内容，但它记载了人类心灵中的一种倾向，我个人对此无比崇敬，我的一生绝不会嘲弄它"。

以下是这篇讲演的内容。

在开始谈论我的主题之前，让我先做几点介绍性发言。我觉得我在向你们传达我的想法时会遇到很大的困难，其中一些可能会因事先向你们提到而减少。

首先，我可能根本不需要提到的是，英语不是我的母语，正是由于这个困难，使我的表达常常缺乏探讨一个关于主题所需要的精确和微妙。我所能做的是希望你们可以尽力理解我的意思，尽管我在英语语法上会不断地犯错误，这样可以使我的任务稍微简单一些。

我将要提到的第二个困难是，你们中的许多人对我的讲座可能抱有一些略有错误的希望。为了让你们能有合理的期待，我会说几句我选择目前这个主题的原因：当你们的前任秘书很荣幸地要求我为你们的社团做一次演讲时，我的第一个想法是，我肯定会接受；而我的第二个想法是，如果我有机会对你们演讲，我应该谈谈那些我非常想要与你们沟通的事，而不应该滥用这个宝贵的机会去讲，比如说，逻辑。我称为滥用，因为解释一个科学问题，它需要一个学期的课程，而不是一个小时的讲演。另一种选择是给你们提供一个所谓的流行科学讲座，这是一种讲座，旨在让你们相信你理解一个事实，而你实际上根本没有理解，来满足那种对最新科学发现的肤浅好奇心，这是我心目中现代人的种种最低级的欲望之一。我拒绝了这些选择，并决定与你们谈论一个在我看来具有普遍重要性的主题，希望它可以帮助澄清你们对这个主题的想法（即使你们也许完全不同意我将要说的话）。

我的第三个也是最后一个困难是，事实上，附属于最冗长的哲学讲座的经常是这一点，听众不能清楚地看到演讲者选择的道路和它导向的目标。也就是说：听众或者认为："我明白他所说的话，但是他的车到底在开向哪里？"或者认为："我看到他在开车，但是他到底要怎么到那里去？"我所能做的就是再次要求你们的耐心，并且希望最终你们既可以看到那条道路，也可以看到它的目标。

现在让我开始。我的主题，正如你们所知道的，是伦理。我会采纳摩尔教授在他的书《伦理学原理》之中对这个术语的解释，他说："伦理是关于'什么是好的'这一问题的普遍探究。"现在我将在一个略微更为广泛的意义上使用伦理这个术语，在这种意义上，其中包括了我认为是通常意义上的美学的最重要部分。为了让你们尽可能清楚地看到我选择的伦理学的主题，我会给你一些或多或少的同义词，每个都可以取代上面的定义。高尔顿曾经在同一个摄影板上拍摄了许多不同面孔的照片,来获得具有的共同的典型特征的图片,我想产生和高尔顿相同的效果。通过向你展示这样的一张集体照片,我可以让你们看到什么是典型中国人的面孔,因此,通过浏览照片,我希望你们能够看到他们都具有的共同特征,这些都是伦理的特征。

于是代替了"伦理是关于'什么是好的'这一问题的普遍探究"这个解释,我现在可以说道德是对什么有价值的探究,或者什么是真正重要的,或者我可以说道德是对生命意义的探究,或者什么使生命是值得活的,或者如何进入正确的生活方式。我相信,如果你浏览了所有这些短语,你会得到一个粗略的想法,什么是伦理关心的问题。

现在,所有这些语句最引人注意的是,它们中的每一个都具有截然不同的双重意义。我将称它们一方面为琐屑的或相对的意义,另一方面是伦理的或绝对的意义。例如,如果我说这是一把好椅子,这意味着椅子有着某一预定的用途,只要这个用途在这之前已然确定,这里的"好"这个词就只有一个意思。事实上"好"这个词在相对的意义上,仅仅意味着达到某个预先确定的标准。因此,当我们说这个人是一位"好"的钢琴家,我们的意思是他可以在一定程度上巧妙地演奏一些困难的曲目。同样地,如果我说我不患感冒很重要,我的意思是得了感冒会对我的生活产生某种可以描述的干扰;而如果我说这是正确的道路,我的意思是这是相对于某一目标的正确道路。以这种方式使用这些语句不存在任何困难或深刻的问题,但这不是伦理学使用它们的方式。假设我会打网球,你们中的一个看到我打球，然后说："嗯，你确实打得有点糟糕。"假设我回答说："我知道，我打得不好，但是我不想打得更好。"那另一个人只能说："那也挺好的。"但是假设我对你们中的一人讲了一个荒谬的谎言，他来对我说："你表现得像个畜生。"然后我说："我知道我表现得很差，但是我不想表现得更好。"他会说："那不也挺好的吗？"当然不会，他会说："嗯，你应当想要表现得更好。"在这里你有一个绝对的价值判断，而第一个例子是一个相对的判断。这种本质上的差异似乎很明显：每一个相对价值的判断只是事实的陈述，因此可以用一种失去所有价值判断的形式来表述，我们不一定要说"这是到格兰切斯特正确的方式"，我可以同样正确地说："如果你想在最短的时间到达格兰切斯特，这是正确的方法。""这个人是一个好的跑步运动员"只是意味着他在一定的时间内跑了一定的里程。

　　现在我想说的是，虽然所有相对价值的判断都可以被表示成仅为事实的陈述，但事实陈述永远不可能是或者暗示着绝对价值的判断。让我解释一下：假设你们之中有一个无所不知的人，他知道这世界上所有生或死的物体的所有运动，并且他也知道所有人类的所有心理状态，并假设这个人在一本大书中写下了他所知道的一切，于是这本书将包含对整个世界的描述。我想说的是，这本书不会包含任何我们称为伦理判断的东西，或者任何逻辑上意味着这种判断的东西。它当然包含所有相对价值的判断和所有为真的科学命题，事实上包含所有为真的命题。但是，所有如此描述的事实，处在同一水平，所有的命题以同一方式处在同一水平。没有任何绝对意义上的崇高、重要或微不足道的命题。现在也许你们中的某些人会同意这一点，并记起哈姆雷特的话："没有什么是好的或坏的，但思考使它成为如此。"

但是这也可能导致误解。哈姆雷特说的，似乎在暗示好的或者坏的，虽然不是我们身外世界的性质，但却是我们心灵状态的属性。但是我说的心灵状态，我们意指的也是一种可以被描述的事实，它也就没有伦理意义上的好或坏。例如，在我们的世界书里，我们读到关于一个谋杀者的所有物理和心理细节，而仅仅是描述这些事实，将不包含任何我们可以称为伦理命题的东西。谋杀者与任何其他事件将处于同一水平，就好像一颗坠落的石头。当然，阅读这些描述可能会导致我们的痛苦或愤怒或任何其他情绪，或者我们可能会读到当其他人听到这起谋杀案而引起的痛苦或愤怒，但这里只有简单的事实，事实还是事实，但没有伦理。

现在我必须说，如果我沉思伦理必须是怎样的，倘若有一种伦理科学，那么结果是很明显的。在我看来很明显的是，任何我们想到的或者说的都不应当是那件事。我们不可能写出本质上是崇高的科学书籍，超越所有其他相关的主题。我只能用比喻来描述我的感觉，如果一个人能写一本关于伦理的书，这本书确实是一本关于伦理的书，那么这本书会爆炸，会毁灭世界上所有的其他书籍。我们在科学之中使用的词语，只能容纳和传达意思和感觉，自然的意思和感觉。而伦理，如果是任何事，必然是超自然的，而我们的词语只能表达事实；因为茶杯只能充满一茶杯的水，即使我倒一加仑的水在它上面。我认为，就事实和命题而言，它们只有相对的价值以及相对的好和正确，等等。

在我继续之前,让我举一个很明显的例子来说明这一点。正确的道路是去向任意一个预定目标的道路,我们大家都清楚,除了这样的预定目标之外,谈论正确的道路是没有意义的。现在让我们看看"绝对正确的道路"可能是什么意思。我认为这将是每个人都能看到的,具有逻辑必要性,必须要走,或者为不走而感到羞愧的一条道路。同样,绝对的好,如果它是一个可描述的状态,那将是对于每一个人,独立于他的品位和倾向,必然要拥有,或在不能拥有时必然会感到内疚的一个品质。我想说的是,这种情况是一种幻想,没有任何事态本身,我会想称为具有强制力的绝对判断。那么,我们所有的人,像我这样,仍然试图使用"绝对好""绝对价值"等表达,我们在想什么,我们试图表达什么?

现在每当我想清晰地告诉自己这些使用是自然的,我就会回想起那些我理所当然会使用这些表达方式的事例,例如,在这种情况下,我在为你们做一个关于快乐心理学的演讲。你要做的是设法回想某些典型的让你总是感到快乐的情况。因此,当你把这种情况放在脑海里时,我对你说的,就变得具体,而且是可以操控的了。例如,一个人可能会选择他记忆里在夏天散步的感觉。

在这种情况下,我会把我的注意力集中在绝对或道德价值的意义之上。在我的这种情况下,有一个特定的经验,总是呈现给我一种最卓越的体验。这就是为什么,在这次讲演中,我将使用这个经验作为我的第一个也是最重要的例子。(正如我之前说的,这是一件完全个人的事情,其他人会发现其他的例子更能触动自己。）我将描述这种经验,如果可能的话,让你会想起你自己相同或相似的经历,以便我们的探讨能有一个共同的基础。我相信描述它的最好方法是,当我拥有这个感觉,我惊异于这个世界的存在。然后,我倾向于使用这样的短语:"任何事物的存在都是如此的异乎寻常"或"世界竟然存在,这是如此的异乎寻常"。

我会直接提到我的另一个,而且你们也可能更加熟悉的经验:那就是,什么可以称为"感到绝对安全"的经验。我的意思是一种意识状态,一个人倾向于说"我很安全,任何事情都不会伤害到我"。现在让我考虑这些经验,因为我相信,它们展现了我们试图要搞清楚的那种特性。我要说的是,我们赋予这些经验的语言表述完全是无意义的。如果我说"我惊异于这个世界的存在",那么我就是在误用语言。让我解释一下:在有些情况下说"我惊异于某些事是如此的"可以有一个完全良好和清楚的意义。我们都明白,"我惊异于这只狗的大小"的意思是它比任何我之前见过的,或者在通常的意义上的狗比较而言是异乎寻常的。在所有这样的情况下,我惊异于某些事是如此的,因为我可以设想不是如此的情况。我惊异于这只狗的大小,因为我可以设想另一只狗,即我不应该惊异的、普通大小的一只狗。

"我惊异于这样的情况"的说法只当我可以想象它不是这样的情况时,才有意义。在这个意义上,人们可以惊异于一个房子的存在,当一个人看到它,并且没有访问已有它很长一段时间,并想象它在此期间已经被拆毁。但是说我不知道世界是否存在是无意义的,因为我不能想象它不存在。我当然可以惊异于我周围的世界是现在这个样子。如果假设我在看着蓝天的时候有过这样的经历，我可能惊异于天空是蓝色的，而不是有云彩时候的样子，但这并不是我的意思。我惊异于无论天空是什么样子，有人可能会说，我惊异的只是一个重言式，即天空是蓝色或者不是蓝色。但是，说一个人惊异于一个重言式，也是无意义的。现在这些同样适用于我提到的另一个经验，绝对安全的经验。

我们都知道在通常的生活中什么意味着安全。我在我的房间里很安全，因为我不会被一个公共汽车撞到。如果我得过百日咳，因此不会再次得这种病，我是安全的。安全的本质意味着某些事是物理上不可能发生在我身上的，因此说"无论发生什么，我都是安全的"是无意义的，这里对"安全"的误用和另一个例子中对"存在"和"惊异"的误用是一样的。现在我想让你加深这个印象，对于我们语言的某种特定的误用贯穿了所有伦理和宗教的表述，所有这些表述看起来在表面上都是比喻。因此，看起来好像我们在伦理的意义上正确使用了词语，但是我们的意思在普通的意义上是不正确的，这两者是相似的，就好像当我们说"这是一个好人"时，当然这里好的意思和"这是一个好的足球运动员"这句话中好的意思是不一样的，但是也是相似的。而当我们说"这个人的生命是有价值的"时，并不意味着和我们谈论有价值的珠宝时相同的意义，但是这里看起来有着某种类似。所有宗教术语看起来都在这种意义上被用作比喻或寓言。

我们的所有词语和行为似乎是一个伟大且繁缛的寓言的一部分，这个寓言把他描述成一个具有伟大力量的人，而我们试图赢得他的恩典，等等。但这个寓言也描述了我刚刚提到的经验，因为我相信第一个经验恰好是当人们说神创造了这个世界时，所意指的东西；而绝对安全的经验被描述为"在上帝的手中我们感到安全"。第三种相似的经验是有罪的感觉，这也再次可以由"上帝不赞成我们的行为"这一短语来描述。所以，在伦理和宗教语言中，我们似乎在不断地使用比喻。但是一个比喻必须是某件事物的比喻。如果我能通过一个比喻来描述一个事实，也必须能够丢弃比喻并直接描述比喻背后的事实。而在我们的情况下，一旦我们试图放弃比喻，简单地陈述它背后的事实，我们就会发现并没有这样的事实。所以，最初看起来是一个比喻，现在看起来还是没有意义。

现在我向你们提到的三种经验（我还可以加上别的一些）看起来对那些经历过它们的人，对我来说，在某种意义上有一种内在的、绝对的价值。但当我说它们是经验时，其实它们是事实。它们已经发生过，然后在那里，持续一定的时间，因此是可以描述的。不过从几分钟前我所说的，我又必须承认，说它们有着绝对价值是没有意义的。我甚至会更加尖锐地陈述我的观点："一个经验、一个事实应该看上去有超自然的价值，这是一个悖论。"现在有一种方式，我会被它诱惑来如此满足这个悖论。让我先重新考虑"我们惊异于世界存在"的第一个经验，并且让我以一种稍微不同的方式来描述它，我们都知道什么在普通生活中会被称为一个奇迹。它显然只是一个我们从来没有看到过的事件，现在假设这样的事件发生了，想象一下你突然长出一只狮子的头，它开始咆哮的情况。当然，这将肯定是一个我能想象的异乎寻常的东西。然后当我们从惊吓中恢复，我的建议是去看一下医生，并对这个事件进行科学调查，如果可以不伤害它的话，我会对它进行活体解剖。奇迹在哪里？因为很明显，当我们以这种方式看待一切，奇迹已经消失。除非我们使用这个术语的意思仅仅只是指一个还没有被科学解释的事实，这也就只是意味着我们到目前为止还没有能够把这个事实在科学系统中与其他事实一起归类。这说明了"科学证明了不可能有奇迹"是荒谬的。真相是，科学观察事实的方式是一种不把它看成奇迹的方式。因为无论如何你可以想象的事实，它本身不会是在绝对意义上具有奇迹性。因此我们现在看到，我一直在相对和绝对意义上使用"奇迹"一词。现在我将如此描述"对世界的存在感到惊异"：这就是一个把世界看成奇迹的经验。

现在我试图说出，语言中对于世界存在之奇迹的正确表达，虽然它不是语言中的任何命题，而是语言本身的存在。但是，在某些时候意识到这个奇迹，而在其他时间没有，这其中有着什么意义？我所说的一切不过是表达奇迹的方式，从使用语言来表达，转移到语言的存在，所有我说的再一次表明了，我们不能表达我们想表达的东西，而我们所说的关于绝对奇迹的话依然是无意义的。

现在，所有这些的答案似乎对你们中的许多人都完全清晰了。你会说：如果某些经验不断地诱使我们把一个品质归因于它们，这个品质我们称为绝对或道德的价值和重要性，这只是表明，通过这些话，我们不意味着无意义，毕竟我们的意思是，一个具有绝对价值的经验像其他事实一样，也只是一个事实，所有的问题只是我们尚未成功地找到一种正确的逻辑分析，是一种可以表达我们的道德和宗教意义的逻辑分析。

而当此刻，我被督促着面对这种反驳时，我立刻就看清楚了，像有一道光闪过，不仅没有任何我可以想到的可以描述我赋予绝对价值的意义，而且我会拒绝任何人可能提出的任何有意义的描述，从第一原理出发，建立在它有意义的基础上。也就是说：我现在看到，这些无意义的表达式不是因为我还没有找到正确的表达而成为无意义，它们的无意义是因为它们的本质。

因为所有我想通过它们而做的只是超越世界，超越有意义的语言。我的全部倾向就是冲撞着语言的边界，我相信所有曾经试图写出或是谈论伦理或宗教的人都有这种倾向。这种冲撞我们牢笼之墙的尝试，是绝对没有希望的。这种伦理学产生于想要说出关于生命之最终意义、绝对之善、绝对之价值的欲望，如此喷薄而出的伦理学不可能称为科学。无论它说什么也不会在我们增加的知识上产生任何意义，但是它记录了人类心灵中的一种倾向，我个人对其表示深深的尊重，我一生绝不会嘲笑它。

二、关于弗雷泽《金枝》的评论[①]

Magic 依照惯例被翻译成巫术,但是它也可以被翻译成魔法。首先,巫术在中文里比魔法更有贬义的意味,而维特根斯坦对于 Magic 没有任何贬低与嘲弄之意。其次,当我们谈到西方的 Magic 时,第一感觉是魔法,而不是巫术。但是翻译成魔法也有它不合适的地方,因为在中文的语境里,巫术是和原始部落联系在一起的,而魔法则处在龙与骑士的神话传说之中。

这是一篇对巫术解读的批判,而在其中维特根斯坦提出了另一种对巫术的解读方式,为了让大家能更加了解这篇评论的背景,我们先介绍一下《金枝》这本书。《金枝》是研究巫术与原始习俗的人类学名著,弗雷泽因此书获封爵士。弗雷泽认为巫术是人类早期的科学,这是《金枝》对于原始人类习俗的一种解读,不同于一般认为巫术是原始宗教起源的传统见解。在维特根斯坦的评论中,对于弗雷泽的这种解读提出了直接尖锐的批评,认为弗雷泽忽略了巫术中的宗教意识。

科学与宗教在人类原始时期其实是一体的,在人类后来的

[①] The Collected Works of Ludwig Wittgenstein, Ed.G.E.M.Anscombe, G.H.von Wright, Rush Rhees, Heikki Nyman(Intelex, 1998).

发展中才渐渐区分。其实这种一体性是很自然的，因为两者的起源都是人类生活的需要。人类在生活中有着两种需要，实际的和精神的。科学致力于满足人类实际的需求，而宗教则满足人类精神上的某些需要。原始的巫术起源于人类的生活，它既想满足人类实际的需要，也想满足人类精神的需要，因此它既具有科学性，也具有宗教性。从这一点来说，维特根斯坦对于弗雷泽的指责是正确的，弗雷泽过度地强调了巫术中科学的实际倾向，而忽略了其中信仰的意涵。

这些评论对于现代人也有着一层特殊的意义：如何区分信仰与迷信？现代人对于宗教的反感其实很大部分是把信仰等同于迷信，而无论哪一种宗教在发展过程中都掺杂了迷信的成分，但是有着迷信的成分，不等于全部是迷信。在上一讲里，我们看到一些维特根斯坦在《文化与价值》中对基督教的解读，而在这篇文章里，维特根斯坦从一个不同于弗雷泽的角度对巫术进行了思考，进而指出在诸多情况下把巫术解读为迷信是不恰当的。维特根斯坦在他的笔记中曾经写道："宗教信仰和迷信是完全不同的。一个从恐惧中喷涌而出，是一种虚假的科学。另一个是一种信任。""我不是一个信教的人，但是我禁不住从宗教的角度看待每一个问题。"我们在本讲里可以看到维特根斯坦如何从宗教的角度看待巫术。

让我们先更详细地探讨一下什么是科学，什么是迷信。科学的定义相对比较清晰，但是作为一个词汇还是有些模糊的，例如，占星术是天文学的前身，天文学是科学的话，占星术是科学吗？在哪一个时间点，在具有什么性质之后它变成了科学呢？我们在和迷信对比时运用的科学概念其实是基于现代自然科学，简单来说，也就是以提出假设的理论，进行数学为基础的逻辑推理，然后实验或观测，证伪或进行更多推理和实验观测的一套系统。符合这个系统，我们称为科学，反之则不是科学。

当我们谈到科学时，我们总会倾向于认为科学是被实验或观测证实了的一个系统，其实实验或观测从不能证实任何东西，它证伪的也只是科学的假设，而无法证伪科学系统本身。科学系统并不是确定无疑的，只是我们选择了相信它，它是一种信仰，只是因为它以理性的面目出现，掩盖了它信仰的本质。当一个人说他相信科学时，他相信的其实是什么呢？首先，相信世界是有规律的。其次，相信这种规律是客观普适的，也就是说，不会一个人在一个时间、一个地点观测得到一种规律，而另一个人在另一个时间、另一个地点观测就得到另一种规律。因为如果规律是可能因为时间、地点和观测人而变化的，那么运用实验或观测就无法证伪任何一个假设的理论，整个现代科学系统就无法工作。最后，相信这个假设、推理、证伪的体系可以让我们趋近甚至得到世界的规律，虽然这种趋近其实并没有任何理性的基础，最多也只是我们一个乐观的期望。

那么在以上的科学系统中，迷信是什么呢？迷信的主要特征是，它是一些已经被实验和观测证伪的理论，因为种种原因，仍旧有人继续信仰它。例如以上所说的占星术，在它被证伪前，占星术也可以是一个假设的科学理论，但是在它被证伪之后，依然相信占星术，就符合迷信的这一特征了。但是这只是迷信的一个特征，它是一个必要条件，但不是一个充分条件。人们的"相信"有很多种,就拿占星术做例子,很多"相信"占星术的人,并不是在科学的意义上相信它,而是在科学之外相信它。在科学之外是什么意思呢?因为科学总有局限,总有科学无法解释的现象,于是人们认为把科学暂时无法解释的现象归于信仰,而在这种意义上是可以相信占星术的。而对于这种信仰,是无法证伪的。但是这样的信仰并不坚实,在基础上它认同科学的权威,这样的信仰从本质上还是科学的,也就是相信科学无法解释的事物(有时是把自己喜欢的事物归于无法解释,即使科学已经提供了更好的解释)。从这个角度来说,迷信只是科学知识或素养的不足而已,在根基上这样的迷信和科学并没有根本的矛盾。

再回到占星术上,有些人"相信"占星术是因为文化、生活或宗教。也许这不是一个很好的例子,但是我确实知道有人在文化或生活的意义上"相信"占星术,也应该有人因为宗教的理由相信占星术(虽然我没有具体的例子,但是这应该是可能的)。因为文化、生活或宗教的,相信一些已经被实验和观测证伪的理论,它是否应该被称为迷信呢?很多人,尤其是科学理性的追随者,认为这是真正的迷信,因为这种相信把它真正地放在了科学的对立面,它不在乎它所相信的是否可以科学地解释,是否在科学的现在或未来可以解释的范围之内,它在挑战科学的权威,于是要用最轻蔑的语调把它贬低为迷信,这样才能维护科学的地位。所以从本质上来说,这是"一种相信"(非科学的)对于"另一种相信"(科学的)的挑战。既然科学也不过是一个信仰,为什么我们选择"相信"科学,或者说被科学"说服",而不是选择其他那些被称为迷信的东西呢?

我们对于信仰的选择，像是维特根斯坦一再强调的，生活是唯一的理由——只有生活可以为个人提供这样无可争议的稳固基础来做出决断。1949年5月20日，维特根斯坦在他的笔记中写道："牢牢植根于我们内心的图像确实也可以与迷信相比较，但也可以说，我们总是必须达到某种坚定的基础，无论是一个图像，或者不是。因此，我们思维最根源处的那个图像应该受到尊重，而不被视为迷信。"

让我们先看看相信科学对于一个人的生活有着什么样的作用。不可否认，现代科学对于人类的生活有着巨大的影响，如果完全不相信科学，在当今的生活里不能说寸步难行，也是非常艰辛的。而且现代科学证明了它可以为人类带来巨大的益处，平均寿命变长、教育水平增加、精神和肉体在一生中可以得到的感受也比过去都增加了很多，科学至少为每个人敞开了大门，增加了机会。如果科学对我们的生活如此重要，是不是每个人都应该把对科学的相信放在第一位，而所有其他的相信都应该为科学让出自己的位置呢？我认为答案是否定的，因为科学无法解决我们生活中最大的问题，就是我们生活里无处不在的苦难和空虚。

科学可以减轻人类的痛苦。马克思说："宗教是人民的鸦片。"从某种意义上来说，科学也在成为一种类似鸦片的东西。科学为痛苦提供治疗，让我们回避过重的痛苦，维持在较轻的烦恼和空虚中。当然，从生活决定信仰的角度来讲，如果一个人觉得他生活中重要的问题都可以被科学解决，那么保持对科学的信仰，甚至是一种排他的信仰，其中并没有错误。但是对有些人来说，这样的解决方案是不够的，比如维特根斯坦说过：

"一个人可以在无限的苦难中,所以需要无限的帮助。"很难想象科学可以为一个人感受到的无限苦难提供无限的帮助。如果相信某些东西可以为有些人的生活提供比相信科学更大的帮助,为他们的生活提供一个更坚实的基础,那么这些人选择把这种相信置于对科学的相信之上,是否可以是一种合乎理性、不应该被指责的行为呢?把这样的相信称为"迷信",是否只显示出科学的狭隘与不宽容(或者说,那些生活中的问题被科学完全解决了的人,他们的狭隘与不宽容)。

因此,当人们选择相信某些东西,而把这种相信置于对科学的相信之上时,我们就应该称它为信仰,而不是迷信。人生之中充斥着各种苦难与空虚,所有的帮助都不应该被轻蔑地对待。一种信仰也许对于某人来说毫无价值,那只是因为他没有遭受到需要这种信仰来缓解的苦难。也许这个人很幸运地避免了这种苦难,也许他只是在某一方面不那么敏感,感受不到人生的空虚,但是因为幸运或者迟钝而嘲笑他人,是一种不合情理的行为。即使对于我们觉得最愚昧、最不可理解的信仰,如果它确实是某些人心灵最根源处的图像,那么我们也应该对它抱着某种程度的宽容和尊重。

从另一个角度来说,科学和巫术虽然应该被置于平等的地位来思考,现代的巫术研究者甚至巫术信仰者却总是从科学的角度来研究、思考,甚至信仰巫术。弗雷泽《金枝》就代表了巫术研究者的这种倾向,他把巫术置于科学的思考方法之下,把巫术完全理解成一种错误的、不成功的科学,而忽略了巫术作为信仰的一面。巫术其实是有两面性的,它有着信仰的一面,也有着错误科学理论的一面,把两者分开,错误的科学理论已经被科学的发展证伪了，成了人类理解自然之努力的一部分历史；而巫术信仰的另一面反映的是人类宗教性的精神，嘲笑它只显示了我们自己的无知。

但是，当今有些巫术信仰者试图用能量、脑电波、量子力学等科学概念设法解释巫术，这反过来把巫术矮化成伪科学，并不能为巫术增加任何一点点正确性。这是现代科学在人类观念中占主导地位后的一个常见的误区，就是试图用科学来证明信仰，这种做法其实只会让信仰解体，甚至消失。当一个人在自己的生活中发现了自己需要的信仰，也就是说信仰在生活中对这个人显现，那么对于这个人来说，这种信仰就比科学具有了更重要的位置。而一个人试图用科学来证明信仰的举动，恰恰说明了依然承认科学的权威超越了信仰，这种不确定性会导致信仰的动摇与崩塌。

从信仰的角度看待巫术的历史，我们会发现巫术之中信仰的部分比它科学的部分更加具有生命力。巫术中那些错误的科学模型，一旦被淘汰，就只剩下史料价值。而其中信仰的部分，却仍旧可以触动我们，与我们发生共鸣。从这个角度讲，巫术之中信仰的部分是更重要也更加值得研究的部分。我们当今的科学，是在几百年中快速发展起来的，想一下几千年几万年之后，那时的人们看待我们当今的科学也许就像我们看待原始人类的巫术。今日的某一种在未来可能已经不再有人相信的信仰，其中的意义却反而不会消失，因为它是解决人类生活问题的一种生活方式，即使这种解决问题的方式在未来已然不再适用，却仍旧会触动未来人类的心灵。

我现在相信，让我的书开始于把形而上学作为某一种巫术的想法是正确的。

但在这样做时，我既不能把巫术说成真实的，也不能嘲笑它。

巫术的深度应该保留。——事实上，在这里使巫术被消除的本身就是巫术的特性。因为，在那种时候，当我开始谈论"世界"（而不是关于这棵树或桌子）时，除了在我的词语中尽量使用更引人注意的咒语，我还能如何做呢？

——维特根斯坦（评论被标记为"坏的"，最终被删除）

I

人必须从错误开始，然后把它转化成真理。

也就是说，人必须揭示错误的根源，否则听到真相将不会带来任何好处。当其他东西占据了它的领地时，真理不能够强行进入。

为了让某人信服真理，仅仅陈述它是不够的，反而，一个人必须找到从错误到真理的路径。

我必须一次又一次地陷入怀疑之水中。

关于人类的巫术和宗教的观点，弗雷泽的说法是不能令人满意的：它使这些观点看上去像是错误的。

当奥古斯丁在他《忏悔录》的每一页中呼唤上帝时，他错了吗？

但是——一个人可能说——如果他不是错的，那么佛教的圣人一定是错了——或者任何其他的人——他们的宗教观点是完全不同的。但没有任何人错了，除非他提出了一个理论。

那种设法解释一个仪式的想法——例如,为什么杀害祭司王——在我看来是错误的。弗雷泽所做的一切只是使那些像他一样思考的人,觉得是合理的。很容易发现在最终的分析中,所有这些仪式都被表述为一些可以称为愚蠢的东西。但是,我们认为人类做这一切只是纯粹出自愚蠢,这是很不合理的。例如,当他向我们解释,国王必须在他的巅峰时期被杀,因为野蛮人相信不如此的话,他的灵魂不会保持新鲜,一个人能说的一切不过是:仪式和这些观点一起产生,但仪式并不从观点产生,而它们两者仅仅是都在那里。

事实上,一个人会在他识别出基础性的错误后,放弃一个习俗,这种情况确实会发生,并且在今天经常发生。但这只发生在引起某人注意他的错误,足以使他改变行为方式的时候。事实上与一个人的宗教习俗相关时并非如此,因此这不是一个错误的问题。"但是回忆和探索会使我们信服,原来我们以为是我们自己的东西,有许多都应该归之于我们的祖先,他们的错误并不是有意的夸张或疯狂的呓语,而是一些假说,在提出它们的时候确实算得上是假说,只是后来更充足的经验证明那些不足以构成假说罢了。只有不断地检验假说,剔除错误,真理才最后明白了。归根结底,我们叫作真理的也不过是最有成效的假说而已。所以,检查远古时代人类的观念和做法时,我们最好是宽容一些,把他们的错误看成是寻求真理过程中不可避免的失误,把将来某一天我们自己也需要的那种宽容给予他们。"[1]

---

[1] 弗雷泽.金枝——巫术与宗教之研究[M].徐育新,等,译.北京:大众文艺出版社,1998:392页.

弗雷泽说，很难发现巫术中的错误——而这就是为什么这些习俗持续了如此长的时间——因为，举例来说，一个应该带来雨水的咒语似乎迟早会有效。但是这也是很明显的，为什么人们没有更早地意识到无论如何迟早会下雨呢？"在举行了一次或为呼风唤雨或欲置敌人于死地的巫术仪式之后，或迟或早，经常会随之出现它所希望产生的结果。这就可以理解原始人为什么将这些事变视为一时的直接后果和对它的效力的最好证明。"[1]

因此，我相信尝试去解释本身已经是错误的，因为一个人必须仅仅正确地把他所知道的排列在一起，而不添加任何东西，这样通过解释被寻求的满足就会随之到来。

而在这里，解释根本不是可以让我们满足的东西。当弗雷泽开始向我们讲述内米的森林之王的故事时，他使用了这样一种语调，表示他觉得，也想让我们觉得，某种奇怪而可怕的事正在发生。但是"为什么这件事发生了？"这个问题可以被这句话很好地回答：因为它是可怕的。正因为这个事件让我们感到可怕、雄伟、恐怖、悲惨等，其中触动我们之处可以是任何东西，但绝不是琐碎和微不足道的，而这些正是我们可以称为生命之事件的东西。[2]

在这里一个人只能如此描述和说明：人类生活就像这个样子。

---

[1] 弗雷泽. 金枝——巫术与宗教之研究[M]. 徐育新，等，译. 北京：大众文艺出版社，1998：90页.
[2] 内米的森林之王，又称为内米的祭司王。一个想担任"森林之王"的逃奴，必须要杀死原来的"森林之王"。

和所描述的东西给予我们的印象相比,解释是非常不确定的。

每个解释毕竟只是一个假设。

但是一个假设性的解释对于某些人的帮助很少,例如,一个因为爱情感到烦恼的人。——这无法安抚他。

思想拥挤,无法排出,因为它们都想往前挤,却被堵在门前。

如果一个旁白者把内米的祭司王和"死亡之威严"并排对照,他会意识到它们一脉相承。

祭司王的一生体现了这句话的意义。

一个受到死亡之威严影响的人可以通过这样的生活来给予它一种表述。——这当然也不是解释,而只是用一个符号替换另一个。或者:一个仪式替换另一个。

没有任何意见可以作为宗教符号的基础。

错误只与观点有关。

有人可能想说:这个和那个事件曾经发生了,如果可以的话,请一笑了之。

祭司王的宗教行为或宗教生活,与今天任何真正的宗教行为,例如,忏悔罪孽,并没有什么不同。这可以解释,但也无法解释。

焚烧遗像。亲吻爱人的照片。这个举动明显不是建立在能对照片上的物体有什么实质影响的基础上。它的目的是得到满足感,而且也确实获得了这种满足感。或者说:它根本没有目的,我们只是这样表现,然后我们感到了满足。

一个人也会吻爱人的名字,而在这里,名字很清晰地只是作为替代物出现。

那个为了杀死敌人而戳敌人画像的野蛮人,实际上用木材建造了真正的小屋,精巧地雕刻箭头,而不是把时间都花在雕刻敌人的人偶,是同一个人。

一个人可以像召唤另一个人一样为自己召唤一个没有生命的物体。这里的原则是拟人化。

巫术总是建立在象征主义和语言的构想之上。

对愿望的表示也就是对愿望实现的表示。

巫术赋予愿望表象,表达愿望。

洗礼作为洗涤——只有当巫术被科学地解释时,错误才会出现。

如果领养孩子的母亲从衣服下面把孩子拉出来,便认为她真的生了这个孩子,这一定是疯狂的。"……在保加利亚和波斯尼亚的土耳其人中……一个女人把她打算领养的孩子放在她的衣服里,然后又推又拉地将孩子从衣服里拽出来。从此以后,这孩子就被认定是她的真正儿子,并可以继承养父母的全部财产。"①

依赖于对事物和过程的错误的或者过于简单的想法而进行的行动,应该和巫术行动区分开来。例如,如果一个人说疾病正在从身体的一部分转移到另一部分上,或采取预防措施来转移疾病,就像它是一种液体或一种热状态。这是为自己创造一个虚假的想象,在这种情况下,这意味着毫无根据的一个想象。

弗雷泽这部分的精神生活是多么狭窄!结果是:对他来说,

---

① 弗雷泽.金枝——巫术与宗教之研究[M].徐育新,等,译.北京:大众文艺出版社,1998:24页.

完全不可能构想一种与他同时代的英格兰不一样的生活！

弗雷泽不能想象一个祭司，如果他不具有和现代英格兰人相同的愚蠢和迟钝。

为什么一个人不可能认为他的名字是神圣的？一方面它肯定是给予他的最重要的工具，而另一方面，它像一块在出生时就挂在他的脖子上的珠宝。

我相信通过指出人们可以非常容易地发明自己的原始习俗，就可以看到弗雷泽的解释所具有的误导性，如果它们没有在那里被发现将只是纯粹的运气。也就是说，这些习俗的安排所依据的原理，是比弗雷泽的解释更宽泛的，它存在于我们自己的心灵之中，因此我们自己才能想到一切的可能——我们很容易想象，例如，一个部落的国王和民众之间保持着某种隐秘性，而同时，部落的每个人都必须见他。当然，后者将不会只是或多或少偶然地发生，反而是国王将被展示给民众。也许民众不被允许触摸他，但也许每个民众都必须触摸他。回想一下，舒伯特逝世之后，他的弟弟把一些舒伯特的乐谱剪成小块，把这样只有几个音符的小块，赠予舒伯特最喜欢的学生。作为一种虔诚的姿态，这一举动和不允许任何人接触或得到那些乐谱，同样都可以理解。如果舒伯特的弟弟烧了乐谱，这也可以被理解为一种虔诚的姿态。

相对于偶然的（不冷不热的）行为，（热或冷的）仪式是虔诚的特征。

事实上，如果弗雷泽的解释最终没有诉诸于我们自身，那么它们根本不算解释。

不仅是野蛮人，我们也同样要面对与饮食相关的危险，没有什么比保护自己远离这些危险的愿望更自然,现在我们可以自己设计这样的预防措施。——但是,我们根据什么样的原则来遵循它们呢?显然,根据将所有危险减少到几个非常简单的、显而易见的形式。因此,根据同样的原则,据我们中未受过教育的人说,疾病正从头部移动到胸部,等等。人格化当然将在这些简单的图像中发挥重要作用,因为所有人都知道,可能对他人造成危险的正是人本身(以及人的精神)。

不用说,人的阴影,看起来像他或他的镜像,雨、雷暴、月亮的圆缺、季节的变化、动物彼此之间的相似和不同、它们与人类的相似和不同、死亡、出生和性生活的现象,总之,我们在周围观察到的一切,年复一年,以许多不同的方式相互联系,将在他的思想(他的哲学)和实践中占有一席之地。换句话说,正是我们真正知道的和觉得有趣的东西。

火,以及火与太阳的相似性,如何可能没有对人类觉知的心灵留下深刻的印象?但也许不是"因为他不能解释"(这是我们时代的愚蠢迷信)——难道有一个解释就会让它不那么令人印象深刻?

在《爱丽丝梦游仙境》中,魔法通过最枯燥的东西让人也变得枯燥了。

在魔法治疗中,人们会向疾病示意,让它离开病人。

在描述这样神奇的治疗后,人们想说:如果疾病不明白这一点,我不知道一个人还能如何告诉它了。

没有什么是比公正对待事实更困难的了。

我不是说只有火焰必然给每个人留下深刻印象。火没有比任何其他现象更特殊,一件事物会给这个人深刻的印象,而对另一个人留下深刻印象的则会是另一件事物。因为没有任何现象本身是特别神秘的,但它们中的任何一个都可能对我们来说是神秘的,而一个人心灵觉醒的特征正是基于这样一个事实:一种现象变得对他有意义。人们几乎可以说,人是一种仪式动物。这可能部分是错误的,部分是无稽之谈,但终有一定的道理。

也就是说,人们可以在一本关于人类学的书里一开头就写道:当人在世界各地观察人类的生活和行为时,除了可以被称为动物活动,如进食等之外,也可以看到,人在进行具有自身特征的行为,并且这些行为可以被称为仪式性的行为。

但是,如果说这些行为的特征是起源于对事物的物理学的错误观点,这就是毫无意义的了。(弗雷泽就是如此,当他说巫术在本质上是假的物理学,或者,视情况而定是一种假的医药、假的技术,等等。)

相反,仪式性行为的特征并不是一种或真或假的看法或者意见,而是这样一种意见——一种信仰——它本身可以是仪式性的或仪式的一部分。

如果我们认为人们对自己的想象力感到高兴是不言而喻的事,我们应该记住,想象并不像一幅肖像画或三维模型,而是一个由异质元素组成的复杂图案:文字和图像。然后,我们将不再把运用书面和语音符号的操作,与运用事件的"心理图像"操作,相互对立起来。

我们必须挖掘语言的整体。

弗雷泽说:"……这些仪式是由对被杀害的鬼的恐惧所决

定的……"但是为什么弗雷泽会使用"鬼"这个词呢？因为他用了一个他熟悉的迷信词汇向我们解释，他从而非常好地理解这个迷信，或者更可能的是，这也许使他看到在我们这里也有一些东西，赞成这些野蛮的行为。——例如，像我这样一个人，我不相信那些可能在某些地方被称为神灵的东西是超出人类的存在的——如果我说"我害怕神的愤怒"时，这表明我这句话可能意味着什么，或者是在表达一种不一定与这种信念相关的感觉。

弗雷泽应该能够相信一个野蛮人因为一个错误而死亡。弗雷泽比他笔下的大多数野蛮人要更加野蛮得多，因为他们不像一个20世纪的英国人那样远离如何理解一件属灵的事物。他对原始仪式的解释比这些仪式本身的含义要粗糙许多。

基于演化进步假设的历史解释，只是把数据聚合成为概要的一种方式，而不基于时间发展假设的形式，同样可以看到数据彼此之间的关系，并将其囊括在普遍性的图像中。

从他人的神之中认出自己的神。人们说服自己，那些名字有着相同的意义。

"所以这些事实指向一个秘密的法则"，一个人觉得应该对弗雷泽收集的事实这样说。我可以通过进化的假说来表达这个法则，也可以用类比植物的模式，还可以通过宗教仪式的模式，或仅仅通过把事实内容分类诉诸"明白"的呈现。

这种"明白的呈现"的概念对我们是至关重要的，它意味着我们的表示形式，我们看待事物的方式。（一种"世界观"，因为它显然是我们时代的典型特征，比如斯宾格勒。）

明白地呈现带来了理解，正是在于我们在事实上"看到了连接"。因此，找到中间环节非常重要。

但是在这种情况下，假设的连接应该只引导注意力在事实的相似性和相关性上。例如，一个人可以通过逐渐将椭圆转换为圆，来说明圆与椭圆的内在关系，但不是为了要断言某个椭圆在历史上实际上源于一个圆（进化假设），而只是为了使我们更敏锐以得到形式上的结论。但我也可以看到进化假设除了作为形式连接的外衣之外，并不提供更多的东西。

我想说：弗雷泽用我们都熟悉的"鬼魂"或"幽影"来描述这些人的看法，没有什么事实比这个更好地显示出我们和这些野蛮人的亲属关系。（这当然是不同于他描述的，例如，野蛮人想象在杀了敌人后他们的头会掉落，在这里我们的描述本身不包含任何迷信或巫术的成分。）

实际上，这种奇怪的特性不仅涉及"鬼魂"和"幽影"的表述，而且我们对于把"灵魂"和"精神"这两个词作为我们受教育词汇之一部分的事实，也理解得太少了。与此相比，我们不相信灵魂会吃喝就只是一件微不足道的小事。

我们的语言中蕴含着一套完整的神话。

在古老的仪式中，我们看到了一种非常发达的肢体语言。

当我读弗雷泽，我不断地想说，在我们的语言之中，仍然保存着所有的这些过程和这些意义的变化。当藏在最后一束被割下的谷子之中的东西被称为"狼"，而且这束谷子以及绑扎它的人也都被如此称呼，这是一种我们非常熟悉的语言过程。"梅克伦堡的许多地方都特别流行一种五谷狼的说法，人人都怕割最后一束谷子，因为他们说狼就坐在那里面……一般把田里最后一束谷子叫作狼,割这束谷子的……以表示他是狼……"①

我可以想象,我不得不选择地球的某个生物作为我灵魂的居所,而我的灵魂选择了这个不吸引人的生物作为它的居住地和观测点。也许因为一个美丽住宅的不同寻常让它望而却步。一个人的精神肯定必须对自己非常自信才可以这样做。

我们可以说"每个看法都有它的魅力",但这是不对的。正确的说法是,每个看法对于把它视为重要的人都是重要的(但这不意味着把它看成不是它的样子)。事实上,在这个意义上,每个看法都同等地重要。而最重要的是,我还必须使任何人可能对我存有的蔑视,作为我看到之世界的本质且有意义的部分。

如果一个人被选择出生在森林中的一棵树上,那么就会有一些人寻找最美丽或最高的树,一些人会选择最小的树,另一些人会选择一棵平均高度的或低于平均高度的树,这当然不是出于庸俗主义,而是出于和另一个选择了最高的树是完全相同的或相似的原因。我认为,我们对生活的感觉与那种能够为自己选择他在世界上的观测点的存在,是可比拟的。我相信,这就是"我们在出生前选择了我们身体"的神话或信仰的基础。

****

我相信原始人的特征是他不依据见解行事(如弗雷泽所言)。

---

① 弗雷泽.金枝——巫术与宗教之研究[M].徐育新,等,译.北京:大众文艺出版社,1998:643—644页.

在许多类似的例子中，我读到了非洲的一个"雨王"，当雨季来临时，人们向他祈祷雨水。但这肯定意味着他们并不真的相信雨王可以控制下雨，否则他们会在一年中土地变成"炎热干涸的沙漠"时求雨。因为如果一个人假设人们之前建立了雨王这个职位是因为愚蠢，那么他们很显然地曾经经历过三月开始的雨水，他们应该会在一年的其他时间更需要雨王执行他的工作。或者，早晨，当太阳即将升起时，人们会举行庆祝黎明的仪式，但不是在夜间，那时他们只是点灯。"……马他·考都，即雨王，因为此人能在需要的时候，即雨季，普降甘霖。每年三月底雨水降落之前，这个国度简直是赤地千里的荒漠，人民主要的财富——牛羊，都因缺乏饲草而死亡。所以，每当快到三月底的时候，家家户户都把他当作雨王，奉献牺牛，祈求他给这枯焦的牧区佑赐甘霖。"①

当我对某事感到愤怒时，我有时用我的手杖击打地面或一棵树。但我当然不相信地面应该被责怪，或者我的击打可以对任何事有所帮助。"我正在发泄我的愤怒"。所有的仪式都是如此。这种行为可以被称为本能行为。——某个历史维度的解释如此说，我或我的祖先以前相信击打地面确实有帮助，而不是对着空气打拳，这是一个多余的假设，他没有实质性的解释。重要的是，这个行动与惩罚的很相似，但没有什么超过这个相似性的东西可以被解释。

一旦这种现象与我自己所拥有的本能联系在一起，这正是我们所渴望的解释，这个解释解决了这个特殊的难题。关于我

---

① 弗雷泽.金枝——巫术与宗教之研究[M].徐育新，等，译.北京：大众文艺出版社，1998：163 页．

的本能的历史的进一步调查则在另一条轨道上移动。

这不是一个微不足道的理由,或许真的也许并没有理由,促使人类的某些种族崇拜橡树,而只有这个事实,他们和橡树被联合在一个生活的共同体之中,因此,他们出现在一起不是因为选择,而是像跳蚤和狗。(如果跳蚤开发了仪式,那就会与狗相关。)

人们可以说,不是他们的联合(橡树和人)触发了这些仪式,而是在某种意义上由于他们的分离触发了仪式。因为智力的觉醒发生于人和原始土壤的分离,那是生活的原始基础。(选择的起源。)(觉醒之精神的形式是崇拜。)

II

"在早期社会的一定阶段,人们以为国王或祭司被赋予了超自然力量,或是神的化身。与这种信念相一致,他们还认为自然的过程也或多或少在他的控制之下……"[①] 当然,人们不相信统治者有这些能力,而统治者很清楚他没有,或者如果他是一个笨人或傻瓜的话,他才会不知道自己并没有这些能力。但是,他的能力概念当然可以是如此被调整的:它可以与人民的和他自己的经验相协调。因此,一些表里不一的观念由此而起作用,只是因为它与人们通常所做的大多数事情密切相关。

"古时候,他每天早晨必须在王位宝座上坐几个钟头,头戴王冠,像一尊雕像那样,手、足、头、眼,全身任何部分都一动也不动,因为,通过这种方式,认为这样他就可以维护帝

---

① 弗雷泽.金枝——巫术与宗教之研究[M].徐育新,等,译.北京:大众文艺出版社,1998:256页.

国和平稳定……"① 当一个人在我们周围（或至少在我的周围）笑得太多，我会不由自主地抿紧我的嘴唇，好像我相信我可以借此让他把嘴闭上。

"他能司雨，也是风师……"② 这里的荒谬在于，弗雷泽把这些人描述成这样，好像他们有一个完全虚假的（甚至疯狂的）关于自然过程的想法，他们只有一种古怪的对于自然现象的解释。也就是说，如果他们把它写下来，他们对于自然的认识就不会与我们的认识有什么根本的不同。只有他们的巫术是不同的。

"这样的国王生活在礼仪的包围之中，整套的禁忌戒律，意图并不在于增添国王的尊严，更非加多其享乐，而是约束其行为，不让他扰乱自然的和谐而招致他本人以及他的臣民和整个世界都遭受共同的灾难。那一切戒律远不是增加其享乐，而是约束他的每一行动，毁了他的自由、他的生命（他们的目的本是要保存他的生命）令他的生命成为重负和哀愁。"③ "一个禁忌和祭祀的网络，其意图不是为了他的尊严……"这是真实的也是错误的。当然不是对个人保护的尊严，但是也许——可以这么说——为了体现他身上所存的神性的自然圣感。

听起来很简单：巫术和科学之间的区别可以表示为科学可以进步，但巫术不能。巫术的本身没有内在发展方向。

---

① 弗雷泽.金枝——巫术与宗教之研究[M].徐育新,等,译.北京：大众文艺出版社,1998：257页.
② 弗雷泽.金枝——巫术与宗教之研究[M].徐育新,等,译.北京：大众文艺出版社,1998：258页.
③ 弗雷泽.金枝——巫术与宗教之研究[M].徐育新,等,译.北京：大众文艺出版社,1998：260页.

"马来人把灵魂想象为很小的小人……同它所附的人身……是完全相似的……"① 在这个观点里面其实有着更多的真理,这归因于对灵魂同身体一样的多重性,而不是被现代稀释过的理论。

弗雷泽没有注意到我们面对的是柏拉图和叔本华的学说。

我们在今天的哲学中再次发现每一个孩子般的(稚嫩的)理论,只是没有了孩子般的魅力。

关于欧洲的篝火节②,除了这些仪式之间的相似之处,我最感兴趣的似乎是所有这些仪式的不同之处。它是具有共同特征的多面体,其连续地呈现在这里或那里。一个人会想要把连接这些共同的成分的线画出来。但是,我们思想的一部分仍然是缺乏的,即使得这个图像与我们自己的感觉和想法联系在一起的那部分,这部分给予思想以深度。

当然,在所有这些实践中,一个人看到的东西,类似于思想的联系和相关的东西。人们可以谈论实践的关联性。

"……经过猛烈摩擦,稍有一点火星,就燃起一种菌子。这种菌子是长在老桦树上的,非常容易燃烧。这个火好像是直接从天上来的,人们认为它有各种各样的神性……"③ 为何这种火焰应该被如此光环包围,多么奇怪,"它显得是瞬时从天堂而来"是什么意思?从哪个天堂来?不,火以这种方式被看

---

① 弗雷泽.金枝——巫术与宗教之研究[M].徐育新,等,译.北京:大众文艺出版社,1998:272—273页.
② 弗雷泽.金枝——巫术与宗教之研究[M].徐育新,等,译.北京:大众文艺出版社,1998:864页.
③ 弗雷泽.金枝——巫术与宗教之研究[M].徐育新,等,译.北京:大众文艺出版社,1998:870页.

待根本不是自明的——而这仅仅是它如何被看待的。

　　这里的假设似乎让这件事更加深奥。人们可以回想起在《尼伯龙根之歌》中齐格弗里德和布伦希尔德之间奇怪关系的解释。也就是说，齐格弗里德似乎以前已经见过布伦希尔德了。现在很清楚，这个习俗的深度是在于它与一个人的燃烧具有的联系。"……娱乐将结束时，主持节日活动的人拿出一个拌有鸡蛋的大烤饼，沿饼边切成扇形，这叫作'am bonnach beal-tine'——即'贝尔坦饼'。主持人把饼切成许多块隆重地分给大家，其中有一块，谁得了，谁就叫作'cailleach beal-tine'——即'贝尔坦老巫婆'，这是一句骂人的话。发现某人得了这块饼之后，一部分人就会捉住他，做出要把他扔到火里去的样子……在人们对这个节日活动还记忆犹新的时候，提起'cailleach beal-tine'来，假装认为他已经死了。"①

　　如果有一些节日的习俗是男人骑在彼此身上（如同在玩骑马的游戏），他们相互骑着，让我们想起骑马的动作，除此之外，我们看不到更多。但是比如说，如果我们知道许多人的习俗是用奴隶作为坐骑，并在他们身上庆祝某些节日，因此我们将看到这个习俗更深刻的、不再是完全无害的一面，虽然在现在这只是一个无害的习俗。问题是，我可能会称为邪恶的东西，是附着于贝尔坦篝火节②习俗本身，就像它在一百年前进行的那样，或者只有当它的起源假设是真的，那么节日习俗才是邪恶的吗？我相信看起来是邪恶的东西，显然是现代习俗自身的

---

① 弗雷泽.金枝——巫术与宗教之研究[M].徐育新，等，译.北京：大众文艺出版社，1998：870页.
② 盖尔人的五月节。

内在本质，而使用人类作为祭品的事实也符合我们的看法。当我谈到习俗的内在本质时，我的意思是在所有的情况下，它被执行，但没有包括在这样节日的研究中，因为它们不是那么具体的行为，它们是节日的特征，可以被称为节日的精神。例如，参与人的类型，他们在其他场合的行为（即他们的性格，他们在其他时候玩的游戏）。然后人们会看到，邪恶的品质在于这些人他们本身的性格。

"……把饼分成大小、形状尽可能相等的若干等份，在场的人每人一份，并将其中一块用炭涂黑。他们把所有的小饼块都放在一个帽子里，每人都蒙上眼睛在帽子里拿一份饼块。拿帽子的人得到最后一块。谁拿到那一块涂黑的饼，谁就是'虔诚'的人，就把谁献祭给贝尔……"① 我们看到这里有着抽签的最后痕迹。然而，通过这个侧面，它突然获得了深度。如果我们知道，在特定情况下，有着凸起小方块的饼当初被烘烤，比如说，是为了纪念一个制造商的生日，这种习俗从此保存在该地区，那么它实际上就失去所有的"深度"，除非这种深度已然嵌入在当前形式的习俗之中。但在这种情况下，人们常常说："这种习俗显然是古老的。"我们怎么知道呢？这只是因为有历史证据表明这是古老的习俗吗？还是有另外一个通过内省可以达到的原因？但是，即使史前起源的习俗在历史上已经确证，但是这种习俗在今天是否已经没有任何的邪恶性，不再有一丝一毫的史前恐怖仍然依附在它上面。

也许今天它只是一个竞赛，对于那些参与烘烤饼和装饰小

---

① 弗雷泽.金枝——巫术与宗教之研究[M].徐育新，等，译.北京：大众文艺出版社，1998：870—871页.

方块的孩子们来说，深度只在于思考这种起源。但这仍然是非常不确定的，我们可以说，"为什么要担心这么不确定的事情？"（像一个向后看的聪明的艾尔斯）。但这不是那种意义上的担心——首先我们在哪里可以确定这种习俗必然是古老的（我们的数据是什么，有什么验证）？我们确定吗？我们会不会被历史证明是错的？当然，还是有一些我们是确定的。我们会说："好，在这种情况下，起源可能不同，但一般来说它肯定是古老的。"无论我们认为哪些是证据，都必须包括这个假设的深度，而这个证据又是非假设的和心理上的。

也就是说，当我说：这种习俗的深度在于它的起源，如果它确实是以这种方式产生的，那么深度或者在于这种起源的思想，或者深度本身是假设性的。人们只能说："如果它是如此产生的，那么它是一件深刻和邪恶的事。"我想说：深刻、邪恶，既不依赖于这个习俗的历史，因为或许它根本不是如此产生的；也不依赖于它或许曾经是这样的事实，而是依赖于让我产生这个假设的理由。事实上，一般来说，为何人类作为祭品是如此之深刻和邪恶呢？是否仅仅因为受害者的苦难留给我们这种印象？有各种各样的疾病与同样多的苦难相关联，然而它们并不给予我们这种印象。相反，仅仅通过对于外在行动的历史的了解，深刻和邪恶并没有变得很明显，这是我们从内在经验中归纳得出的。

事实上，通过一个烤饼来进行抽签是特别可怕的（几乎像通过亲吻来背叛），它给我们留下如此可怕印象，对于这种习俗的研究至关重要。

当我看到或听到这样的习俗，就像看到一个人因为一件微不足道的事情严厉地指责别人,并从他的声音语调和面部表情,看出这个人有时可能是很可怕的。我会从中得到非常深刻的印象,而且不同一般的阴险。

一种行为方式的周围环境。

无论如何,一种信念可以作为贝尔坦篝火节之起源假设的基础,即这些节日不是由一个人创建的,可以说是随机产生的,如果要被保存至今,则需要无限的更广泛的基础。如果我想要创立一个节日,它会很快消亡,或被修改,以符合人们的普遍倾向。

但是,什么阻止了我们假设贝尔坦篝火节一直以现在(或最近)的形式被庆祝?有人会想说:这太愚蠢了,如果它是以这种形式被发明的。这难道不是就像我看到一个废墟时,会说,这在某个时间不一定是一栋房子,因为没有人会用这样一堆堆凿成不规则形状的石头垒房子?如果我被问道:"你是怎么知道的?"我只能说:"这是人的经验告诉我的。"事实上,即使人们真的在建造废墟的地方,他们也是从倒塌后的房子中汲取灵感。

人们也可以这样说:任何人如果想要让我们对贝尔坦篝火节的故事印象深刻,在任何情况下并不需要提出它起源的假设,他只需要在我们面前摆出资料(这些资料会引出这个假设),而无须进一步说任何话。现在或许有人想说:"当然,因为听众或读者自己会得出结论!"但他必须明确地得出这个结论吗?或者说,必须得出结论吗?而那是什么样的结论呢?这个或那个是可能的结论吗?如果他自己能够得出结论,那么他的结论会留给他什么样的印象呢?无论是什么留给了他一种深刻的印象，肯定是他没有做过的事情。他是因为第一次听到所表达的假设（无论是由他自己还是别人），或者已经由导致它的资料而觉得印象深刻？但是我是否可以这样问：当我看到有人被杀——是什么让我对此印象深刻，是因为我所看到的，还是只因为一个假设，一个人在这里被杀害？

这种印象不仅仅是贝尔坦篝火节可能的起源的想法，而是所谓的这种思想的巨大可能性，如同从资料中推导出的那样。

贝尔坦篝火节似乎只是一场游戏，类似孩子们扮演强盗的游戏，但事实肯定不是如此。虽然已经预先安排好解救受害者的一方获胜，但是究竟发生了什么，这是戏剧表演无法带来的东西。——但即使这只是一个完全冷静的表演，我们仍然不安地问自己："它是什么样的目的，它有什么意义？"然后它可能使我们不安，由于其特殊的无意义，无论如何解释。（它显示了这种不安的基础。）假设现在，给出了一个无害的解释：他们抽签也许只是为了得到可以威胁把某人投入火中的乐趣，而这不那么愉快。以这种方式，贝尔坦篝火节变得更像是那些娱乐之一，成员中的一位必须忍受某种形式的残酷对待，如此可以满足某种需求。通过这样的解释，贝尔坦篝火节将真正失去它所有神秘的特性，如果它本身在其动作和情绪上，没有背离普通的强盗游戏。

正如事实上，在某些日子儿童烧掉一个稻草人可以使我们感到不安，即使没有对此做出解释。这该是多么古怪，他们会烧一个人作为庆祝活动的一部分！我想说，谜底和谜语一样令人不安。

但是为什么不仅仅只是（或者至少是部分的）这种思想给我留下了深刻印象呢？这些想法不是很可怕吗？一想到有凸起的蛋糕曾被用来挑选献祭者，我怎能不感到恐惧？这种想法难道不可怕吗？——是的，但我在那些故事中看到的还是通过证据获得的，包括似乎与它们没有直接联系的证据——通过人的思想和他的角色，通过我看到的所有奇怪的东西，还有我自己和其他人看到的和听到的一切。

"至于什么人可以点火或应该点火，都有许多规矩。据说，拉绳子握木棍的两个人必须是兄弟俩，至少两人的名字（洗礼名）要是一样的……"① 人们可以很好地想象——也许是因为守护圣人可能会彼此牵制，只有其中一个可以主导这件事，但这也只是本能的一种迟到的延伸。

所有这些不同的做法表明，这不是一种从一个到另一个的推导，而是基于一个共同的精神，并且一个人自己可以发明（设计）所有这些仪式。正是这一发明人的精神才是它们的共同精神。

"……当用净火把家里壁炉上的火点着后，马上就放一壶水在上面，烧热后把热水浇在病人身上，或是浇在染上牛瘟的牲口身上"② 这是疾病和污垢之间的联系。"把疾病洗干净"。

这里提供了一个简单天真的疾病理论，即认为它是污垢，可以被洗掉。

正如有"婴儿期的性别理论"一样，也有其他的婴儿期理论。但这并不意味着一个孩子所做的一切都是基于婴儿期的理论。

我们要说的正确且有趣的事情并不是"它是从那里出现

---

①② 弗雷泽.金枝——巫术与宗教之研究[M].徐育新，等，译.北京：大众文艺出版社，1998：896—898 页.

的",而是"它可能用这种方式出现"。

"……威斯特马克博士曾经有力地专为净化理论辩护……不过,问题还不是很清楚,如果不加讨论就否定太阳说……"①火被用来净化。但也非常可能的是,即使仪式最初被认为只是净化,后来人们把净化仪式与太阳联系在了一起。当一个想法对一个人产生影响(火焰——净化),而另一个不同的想法对另一个人产生影响(火焰——太阳),两个想法同时出现在一个人身上就顺理成章了?学者们总喜欢有一个理论!

火焰可以完全毁灭一件物品,不像击打,只是把它们撕成碎片,等等,这必然吸引了人们的注意力。

即使一个人不知道净化的想法已经和太阳联系起来了,人们仍旧可以假设这种联系曾经在某处出现过。

"……新不列颠有一秘密社团……凡加入该社团的人都收到一块人形或动物形状的石头,据说从此以后此人的灵魂便与这块石头结合在一起。"② 即,"灵魂——石头"。在这里可以看出一个假设是如何运作的。

"……在过去,人们也常常以为男女巫师的邪恶力量存在于他们的头发中,如果不剪他们的头发,便无法制伏他们。因此,在法国,习惯做法是将被控告为使用巫术的人的全身毛发统统剃光,然后交付拷问。"③ 这里指出了这样的事实,即这

---

① 弗雷泽.金枝——巫术与宗教之研究[M].徐育新,等,译.北京:大众文艺出版社,1998:901页.
② 弗雷泽.金枝——巫术与宗教之研究[M].徐育新,等,译.北京:大众文艺出版社,1998:953页.
③ 弗雷泽.金枝——巫术与宗教之研究[M].徐育新,等,译.北京:大众文艺出版社,1998:953页.

是基于真实考量而不是迷信。（当然，当与愚蠢的科学家面对面时，很容易陷入矛盾的精神。）但是，这也可能是因为完全剃光的毛发在某种意义上使我们失去自尊。（参考《卡拉马佐夫兄弟》）。毫无疑问，任何使我们在自己的眼中看起来不值得或荒谬的刑罚，会完全剥夺我们保卫自己的意志。我们有时是那么的尴尬——或至少对许多人来说（包括我）——因为我们身体或审美的劣势而感到不堪。

第六讲
维特根斯坦的笔记与信件

简介

1912 年

1913 年

1914 年

1916 年

1917 年

1919 年

1924 年

1929 年

1930 年

1931 年

1932 年

1932—1934 年

1935 年

1937 年

1938 年

1939—1940 年

1940 年

1941 年

1942 年

1944 年

1946 年

1947 年

1948 年

1949 年

1950 年

简介

维特根斯坦从来没有写过长篇大论，他最好的文字都是格言般精练的文字。在他的信件和笔记中，充满着发人深思的警句，下面摘译了维特根斯坦笔记和信件的一小部分，依照年份排列。因为维特根斯坦的思想在前后期有着显著的变化，所以在阅读时请注意写作的时间。我在这里整理了一个维特根斯坦的小年表，读者可以用来查找维特根斯坦写笔记当时的情况。本章编译选用《文化与价值》（英文版），见参考书目 4。信件和笔记部分翻译参考《维特根斯坦在剑桥：书信与笔记（1911—1951）》一书，见参考书目 7。

- 1889 年　维特根斯坦出生于维也纳
- 1911 年　在剑桥遇到罗素
- 1914—1918 年　"一战"，志愿参军
- 1918 年　大卫·品生特飞机失事死亡，完成《逻辑哲学论》，1921—1922 年出版
- 1920 年　成为乡村小学教师
- 1926 年　因体罚导致学生昏迷，被告上法庭

- 1929 年　回到剑桥，得到博士学位
- 1930 年 1 月　拉姆塞因病死亡，年仅 26 岁
- 1932 年　完成《哲学语法》
- 1933 年　口述《蓝皮书》
- 1934 年　口述《褐皮书》
- 1935 年 9 月　访问苏联
- 1936 年 8 月—1937 年 12 月　在挪威居住，开始写作《哲学研究》
- 1938 年　德国与奥地利合并
- 1939 年 2 月　成为剑桥哲学教授，入籍英国
- 1939 年 9 月　"二战"爆发
- 1941 年 10 月　弗朗西斯因病死亡
- 1941—1944 年　"二战"期间志愿在医院和研究室工作
- 1947 年　辞去剑桥教授职位，去爱尔兰设法完成《哲学研究》
- 1949 年　离开爱尔兰，诊断出得了癌症
- 1951 年　维特根斯坦逝世，葬于剑桥

1912 年

· 我很开心你在阅读有关莫扎特和贝多芬生活的书。这些才是上帝真正的儿子。

1913 年

- 世界上没有任何东西比真正的哲学问题更美好。
- 我亲爱的父亲昨天下午过世了。他有着我可以想象的最美的死亡，没有任何痛苦地像小孩子一样睡去。我在过去的几个小时中，没有哪个时刻是伤心的，反而感到很欣慰，我认为这个死亡值得一生。
- 今天不能给您写任何关于逻辑的东西了。也许您会觉得这种关于自己的思考是一种对时间的浪费——但在我成为一个人之前，我如何可以成为一个逻辑学家！最重要的是和自身达成一致。

1914 年

· 逻辑必须照顾自身。

· 在某种意义上说,我们在逻辑上是不可能出错的。这已经被这句话表述了:逻辑必须照顾自身。这是一个非常深刻和重要的洞见。

· 逻辑照顾自身,所有我们要做的就是看它是如何做到这一点的。

1916 年

·在对我的生活独特性的意识之中，才产生了宗教、科学与艺术，而这种意识就是生活本身。

·不可能存在有序的或无序的世界，在这个意义上可以说我们的世界是有序的。在每一个可能的世界都有一种秩序，即使它是异常复杂的一种，就好像在空间中的一些点也没有什么有序和无序的分布，但每一种点的分布都是有序的。

·美学上，奇迹是世界的存在，是存在着存在的东西。是否观察事物的审美方式的本质就是以欣喜之眼来看待世界呢？生活是坟墓，艺术是欣喜。

1917 年

·如果自杀被允许,那么一切都被允许。

如果任何事不被允许,那么自杀也不被允许。

这揭示了道德的本质,因为可以说自杀是一个基本的罪。

而当一个人考察它时,就像考察汞蒸气以了解蒸气的性质一样。

甚或自杀本身既非善也非恶?

1919 年

·因为它①由非常简短的论点写成,没有事先的解释你实际上就无法理解它。(这当然意味着没有人会理解它,虽然我相信,它像水晶一样清晰。但是它推翻了我们所有关于真、关于分类、关于数学以及所有其他的理论。)

·附上最好的祝愿,并请不要认为所有您不理解的东西都是愚蠢的。

---

① 这里的"它"指《逻辑哲学论》的手稿。

1924 年

· 所有实际上我必须说的话,我都已经说了,而泉水已经枯竭了。这听起来很奇怪,但事实就是如此。

1929 年

· 人类的目光是可以让事物变得珍贵的力量，当然它们同时也变得更昂贵了。

· 不让自己受到影响是一件好事。

· 一个好的比喻可以让理智变得清新。

· 没有人可以帮我思考，就好像没有人能帮我戴帽子。

· 背着我满满的哲学背包，我只能在数学的山上缓慢地攀登。

· 悲剧性地坚持，对抗性地坚持在一个爱情的悲剧状况下，在我看来是一种异乎寻常的非理想状况。这是否意味着我的理想状况是软弱的？我不能也不应该加以判断。如果它是软弱的，那么它就是坏的。我相信我从根本上有一个温和而且冷静的理想。但是上帝请您保佑我的理想免于软弱和夸大的激情！

· 门德尔松就像一个人，只有当一切都快乐时才可以开朗，或者只有当他周围的每个人都很好时才会是好的，而不能够像一棵坚定地站在原处的树木，无论周围发生什么都可以自给自足。我也是这样的，倾向于如此。

·我经常想知道我的文化理念是否是新式的，是当代的，还是它来自舒曼的时代。至少它令我觉得是连续的，虽然真的跟随它实际上却是不连续的。也就是说，19世纪下半叶被略去了。这个，我应该说，这是本能的，而不是反思的结果。

·当我们思考世界的未来，我们总是假设世界一直沿着目前的方向运行，那个将会到达的地方，我们不会设想它其实不是沿着一条直线前进，而是沿着一条方向不断变化的曲线。

·好的也就是神圣的。这句话很奇怪地总结了我的伦理观。只有某种超自然的才能表现那个超自然的。

·你不能把人们引向善，你只能把他们引向某些地方或别的地方，善处于事实空间之外。

1930 年

· 早期的文明将会变成废墟，最终变成灰烬，但是它的魂灵将在灰烬上翱翔。

· 在艺术之有机整体的工作中显示出的裂缝，人们可以使用稻草试图填充，但是为了平静一个人的心，人们使用最好的稻草。

· 所有的灯都熄灭了，好像从来没有燃烧过一样，这是非常令人沮丧的。但无论如何，我敢说它总会过去的。

· 如果一个人觉得他解决了生活的问题，觉得一切都很简单了。他只需要对自己说，曾经有一段他的解答还没被发现的日子，在那时他也依然可以生活，这就足够证明他错了，他现在发现的那个解答和过去种种之间的关系会看起来像个意外，对我们来说逻辑也是如此。如果有一个逻辑（哲学）问题的解答，我们只需要告诫自己曾经有它们还没被解答的时光（而那时生活和思考也一样是可能的）。

· 在瑞南的《以色列人》中我读到："出生、疾病、死亡、疯狂、僵尸症、睡眠、梦境，都曾给人留下印象，甚至到了今天，也只有一小部分人有能力去清楚地看到这些现象其实源于我们的构造。"相反地，恰恰因为这些都是日常事物，我们其实并没有视之为奇迹的理由。如果原始人类必须视之为奇迹，也许狗和猴子更加如此。或者我们假设人类突然醒来，注意到一直在那里的东西，并且对之感到可以理解的惊讶？好吧，一个人甚至可以做这样的假设：他们不是第一次意识到这些东西，而是他们突然把它们视为奇迹。但是这也和他们的原始性无关。除非我们不把这些称作原始的事物视为奇迹，在这种意义上，恰恰是今天的人和瑞南他自己是原始的，如果他相信科学的解释可以让事物变得更奇妙。

似乎在今天，闪电比两千年前更为常见，更不令人震惊。

想要人类视之为奇迹——也许人们——必须醒来。科学是一条让人们重新沉睡的道路。

例如，这么说是一个简单的错误：那些原始人不得不把所有事视为奇迹。但也许这是正确的，那些人确实把周围的一切视为奇迹——认为他们不得不视之为奇迹是一种原始的迷信。（就好像认为他们不得不恐惧所有的自然力量，而这些当然并非是我们不得不恐惧的。经验告诉我们有些原始部落强烈地倾向于恐惧自然现象——但是我们不能排除高度文明的大众再一次承担同一种恐惧的可能性，他们的文明和科学知识将无法保护他们免于这种恐惧。尽管如此说也是正确的，如今科学承载的精神和这种恐惧不相容。）

瑞南所说的闪米特族的"良好的早期方向"（我早已喜欢的一个想法），是他们非诗意的精神，直接指向具体的事物。这也是我的哲学之特质。

事物就在我们眼前，没有被面纱覆盖——这是宗教与艺术分手之处。

- 一个前言的草稿

《哲学评论》是为了那些同情书中写作精神的人们而写的。我相信，这种精神与目前占统治地位的欧洲和美国文明有着截然不同之处。这个文明的精神是工业、建筑、音乐、社会主义等，对于作者来说这是一种异己的且令人不快的精神。这不是一个价值判断。不是说作者不了解当今时代的表现，当今的建筑不再是建筑，他也不是没有以最大的不信任接近所谓的现代音乐（因为没有理解其语言），但仅仅是艺术的消失不能支持对整个人类贬损的判断。因为在这些时候，天才和强大的人物只是从艺术领域转向了其他的东西，从某种程度上更可以表达个人价值的东西。当然，在伟大文化的时代，不会有这样的表现。文化好像是一个伟大的组织，它赋予每个成员他的位置，在那里他可以为整体的精神工作，而在一定程度的正当性下，在整体的理解之中，他的力量可以被他的成功衡量。然而，在没有文化的时代，力量是分散的，并且个体的力量因为克服相反的力量和摩擦阻力而浪费，它不会在行驶的距离上显现，而更可能在克服摩擦阻力产生的热量中体现。但是能量仍然是能量，即使这个时代可能提供的场景不会成就一个文化意义上的伟大工作，在这样的工作中最好的人物都为同一个伟大的结局做出贡献。这个时代的场景就好像其中最大的成功只是为了追求纯粹的私人目的，但我们仍旧不能忘记，场景不是什么重要的东西。

即使我明白，一种文化的消失并不意味着人类价值的消失，而消失的只是某种表达这种价值的手段，但事实仍然是，我在没有任何同情心的状况下深思着欧洲文明的潮流，而无法理解它是否有任何目标，所以我确实是为了分散在世界各个角落的朋友而写作。

对我来说这是没有区别的：一个典型的西方科学家是否理解或赞赏我的工作，因为在任何情况下，他不理解我写作的精神。

我们文明的特点在"进步"这个词里充分体现，取得进步并不只是它的一个属性，进步是我们文明的形式。它的特点是创造，它的活动是创造一个越来越复杂的结构，甚至清晰性也只是抵达这个终点的一个手段，而不是终点本身。

恰恰相反，对我来说，清晰性、透明性本身就是终点。

我对竖立起一座建筑物并不感兴趣，而是想让那些可能之建筑物的基础透明地显示在我面前。

所以我的目标是不同于科学家的，而我的思想也和他们的思想以不同的方式运转。

我写的每一句话都试图说出事情的整体，也就是说，一次次描述同一件事，就好像从不同视角看到的同一对象的图像。

我可能会说：如果我想去的地方需要爬梯子才能到，我就会放弃去那里。因为我真正必须去的地方是我必然已经在的地方，所有需要梯子才能到的地方都无法引起我的兴趣。

一个动作命令一个又一个思想形成一组序列，另一个动作持续瞄准相同的地方。

一个动作建造并拿到（手中）一块又一块石头，另一个持续试图拿到同一块石头。

长篇前言的危险是，一本书的精神必须在书本身中显现，而不能被描述。因为如果一本书是只为少数读者写的，那么只有少数人才能够理解它这个事实，会令这点变得很清晰。这本书必须自动区分那些理解它和那些不理解它的人，前言也只是为了理解这本书的人而写的。

告诉一个人他不理解的东西是毫无意义的，即使你补充说明他也将不能理解它。（这常常发生在你爱的人身上。）

如果你不想让某些人进入一个房间，把它锁上，而不给他们钥匙。但是与他们谈论它是无意义的，除非你想要他们从外面也一样钦慕那个房间！

体面的做法是：把门锁上，只吸引那些能够打开它的人，而不让其他人注意到它。

但可以说，我认为这本书与欧洲和美国的进步文明无关。

这种文明可能是其精神所必需的环境，但它们有着不同的宗旨。

一切仪式性的东西（一切可以叫作大祭师之掌击的东西）是需要严格被避免的，因为它直接就腐烂了。当然，一个吻也是一种仪式，它不是腐烂的；但是除了和一个吻同样纯正的东西，不能允许有更多的仪式了。

使精神明晰，这是一个巨大的诱惑。

· 如果一个人只是领先于时代，某一天他总会被时代追上。

1931 年

·好好对待那些不喜欢你的人,不仅需要极大的善良本性,也需要极大的分寸感。

·你所取得的成就不能对别人来说比对你自己更重要。

他们花费了你多少,他们也将支付多少。

·一件美丽的衣服,如果它的穿着者在镜子里自作聪明地陶醉的话,就会变成(就像是凝固)蠕虫和蛇。

·我从自己的思考中得到的快乐,就是在我自己奇怪生活中的快乐。这是 joi de vivre(法语"生活的乐趣")吗?

·我们正在与语言搏斗。

我们纠缠在与语言的一场搏斗之中。

·哲学的答案就好像在童话中魔法城堡里看起来很神奇的戒指,到了阳光下只是一个普通的铁环(或某种类似的东西)。

·如果我从来没有听说过基督会如何?我们会在黑暗里感到孤独吗?我们难道不应该像一个觉得有人在屋里陪伴自己的小孩?宗教的疯狂是非宗教性产生的疯狂。

·我看到科西嘉匪徒的照片产生的反应:这些面孔太硬,

我的则太软，基督教都不能够在它们之上书写。匪徒的脸看起来是可怕的，但他们肯定不比我离一个美好的生活更加遥远，他们只是位于和我不同的一侧。

· 忏悔必须是新生活的一部分。

· 弗里达·斯坎兹：

雾天，

灰色的秋天和我们的身体。

笑被感染，

今天世界无声，

好像昨晚已经死亡。

在红金篱笆中正在酿造雾龙，

而睡眠躺在白昼之上，

白昼不会被唤醒。

我从一种叫"骑士的行动"的字谜中看到这首诗，那里当然没有标点符号。因此我不知道"雾天"这个词是标题，或者像我写下的，是诗的第一行。而值得注意的是，如果这首诗不用"雾天"，而用"灰色"开头，听起来会多么地琐细。这改变了整首诗的韵律。

· 音乐，只有几个音符和节奏，似乎对一些人来说是一种原始的艺术。但是只有它的表面是简单的，而使内容的解释成为无限可能的复杂性，在其他艺术中显现于外部的形式，而音乐把它们隐藏了起来。在某种意义上，它是所有艺术中最复杂的一种。

有些问题我从来没有处理过，它们不在我的道路上或者不属于我的世界。贝多芬（或许歌德在一定程度上）努力并处理了这些西方世界的知识问题，但没有哲学家曾经遇到过它们（也许尼采曾靠近它们）。也许在西方哲学中它们被遗失了，那就是没有一个人可以经历并用史诗的形式来描述这个文化的发展。或者更准确地说，它不再是一个史诗，或者只有当一个人从外面观察时才变得可能，也许贝多芬用预见描述了它（就像斯宾格勒在一个地方提示的）。我们可能会说，文明只能提前拥有史诗诗人。正如人们只能预见自己的死亡，并把它描述为一种在未来的东西，而不能在它发生时报道它。所以我们也许可以这样说：如果你想看到整个文化的史诗被写下来，你将不得不在它最伟大人物的作品中去寻找，因此只能在这种文化可以被预见的时代去寻找，在那之后就没有人可以描述它了。所以这并不令人惊奇：它会被黑暗的语言书写，并只能为极少数人所理解。

但我根本没有遇到这些问题。当我"在世界上完成"时，我创造了一个无定形（透明）的质量，和所有各种各样的世界被留在一边的，像被扔在一个无趣的木料房之中。

或者也许更准确地说：整个工作的结果是把世界放在一边。（把世界扔在木料房中）在这个世界上（我的）没有悲剧，而会产生悲剧（因为它的结果）的所有无限都不存在。

在（我的）这个世界没有悲剧，也缺乏所有那些导致悲剧（作为它的结果）的无穷性。就像一切都溶于以太，没有甲胄。这意味着硬度和冲突不会成为一些辉煌的东西，而是成为一个缺陷。

冲突被糜烂了，就好像一个机械中弹簧的张力被溶化（或溶解在硝酸中）。在这个溶液中，张力不再存在。

- 人体各部分之间迷人的温度差异。

- 顺便说一句，在古老的概念中——大概是（伟大的）西方哲学家——在科学的意义上有两种问题：根本的和伟大的、普遍的和不重要的。因为那是偶然的问题。我们的观念恰恰相反，科学的意义上没有什么伟大的根本的问题。

- 音乐中的结构和感觉。感觉伴随着我们掌握一段音乐，就好像感觉伴随着我们生活中的事件。

- 我可以想象，你不会非常欣赏魏宁格，那么糟糕的翻译以及这个魏宁格一定让你感到非常陌生。他确实是梦幻的，但他是伟大而梦幻的。我们不必要甚至不可能同意他的观点，但那种伟大就处于我们的不同意之中。伟大的正是他的巨大错误。意即，粗略地说，如果你只是为整本书中添加一个否定符号，它就说出了一个重要的真理。

- 我们总是听到"哲学其实没有进步"这种说法，我们今天研究的哲学问题和古希腊人并无二致。然而那些说这种话的人不明白为何如此。这是因为我们的语言一直保持不变，持续地诱惑我们去问同样的问题。只要仍然有一个动词"是[①]"，看起来好像它的使用方式与"吃""喝"是相同的，只要我们仍然有形容词"相同""真""假""可能"，只要我们继续谈论一条时间的河流和一片空间的辽阔等，人们将持续在同样的隐秘困难前摔倒，盯着一些似乎没有任何解释能够使之清晰的东西。

---

① 英文是 Be，德文是 Sein，但中文中没有这样一个对应的动词，可以翻译成"是"，但也会被翻译成"存在"。例如莎士比亚《哈姆雷特》里的名言"To be, or not to be"被翻译成"生存还是毁灭"。

除了满足对于超自然的渴望，人们也认为他们可以看到人类理解的"极限"，而且当然他们相信自己可以看到超越极限的东西。

我读到："哲学家们没有比柏拉图更接近'现实'的意义……"这是多么奇特的一种情况。如此奇特的是，柏拉图已经能够做到如他已经做到的如此之多！或者我们在之后怎么会一点进步也没有！这是因为柏拉图是如此聪明吗？

·人们经常说，一个新的宗教将过去的神称为魔鬼。但是实际上，在那时候他们想必已经成为魔鬼了。

·克莱斯特在某处写道，诗人最向往能够做到的，就是在不使用言语的情况下传达思想。（真是个奇怪的祈求。）

·大师们的作品像星辰一样在我们周围升起和落下。对于每一部正在落下的伟大作品，它的时刻会再次到来。

·不可言说的（我觉得神秘的和不能表达的东西）或许提供了一种背景，让我能够表达的任何东西都获得了意义。

·哲学家很容易陷入一个无能经理的位置，他不是在做自己的工作，即看着他的员工使他们正确的工作，而是接管他们的工作，于是，他发现有一天自己在超负荷地工作，而员工在看着而且批评他。

·我确实用我的笔来思考，因为我的头常常对我的笔正在写的东西一无所知。（哲学家常常像是小孩子，他们会首次在一张纸上随意地涂抹出一些痕迹并问成年人"这是什么？"——那是这么发生的：成年人经常画出一些东西对孩子说"这是一个男人""这是一个房子"，等等。现在孩子也做了一些标记，并且问："这是什么？"）

·托尔斯泰：一件事的意义（重要性）在于它是每个人都能理解的东西。这既是真的也是假的。那些使事物很难理解的——如果它是有意义的、重要的——不是你必须被指导才能理解的深奥的东西，而是对事物的理解和大多数人想看到的之间对立的东西，因为这可能是最明显的、最难理解的东西。这不是智力上的困难，而是需要克服的意志上的困难。

1932 年

- 有些哲学家这样说:"死亡之后一个无时间的状态将出现",或者"死亡之时一个无时间的状态出现了",他们没有注意到他们在时间的意义上使用"之后""之时""出现"这些词汇,时间性是嵌在他们的语法之中的。

1932—1934 年

· 不要玩弄深处于另一个人之中的东西。

· 脸是身体的灵魂。

· 如果一个人想要描述门德尔松音乐的本质，他可以这样说：也许没有任何门德尔松的音乐是难以理解的。

· 我相信我在这句话里总结了我对哲学的看法：一个人写哲学应该好像写一首诗。在我看来，这必须揭示我的思想在何种程度上属于现在、未来，还是过去。我承认自己在说这些话时，是一个无法做到想做之事的人。

· 要足够清晰地了解一件事情，并可以解释给另一个人而不用欺骗他和你自己，这是异常困难的。

· 作曲家的名字。有些时候我们先入为主地接受这种投射的方法。当我们问，哪个名字能反映出此人的特征？但有时我们也先入为主地将特征投射到名字上。因此，我们得到的印象是，我们非常熟悉的伟大的大师，他们的名字恰好适合他们的作品。

· 顺便提一下，我在艺术活动中，仅仅是有教养而已。

1935 年

·我承认有一部分是坏的,甚至是幼稚的东西,但在这一切背后也有着深刻的,甚至好的东西。

·如果一个眼睛健康的外行人看到一幅不好的肖像画,他会看到它是不好的,而且会直接地告诉你,在他的眼中哪里是不对的;他会坚持,例如,鼻子太长了。画家可以从他那里知道这幅肖像画是不好的,但是通常来说缩短鼻子会是一个错误的忠告。因为看到一幅画不好是一回事,而看到错误在哪里则是完全不同的一件事。

1937 年

· 在一天之中你就可以经历地狱的恐怖，那是一段很长的时间。

· 睡得好一点。生动的梦。有点抑郁，天气和健康状况。如何解决你在生活中遇到的问题？要以一种让问题消失的方式生活。生活是有问题的这一事实意味着你的生活不适合现有生活的形式，所以你必须改变你的生活，而且一旦它切合了生活的形式，问题就会消失。但是，我们不是会有这样的感觉：一个看不到问题的人对生活中某些重要的东西，甚至是最重要的东西是视而不见的？我不愿意说他的生活是盲目的——像一个鼹鼠一样，如果他能看，他会看到这个问题吗？或者我应该说：一个正确生活的人不会把问题感受为悲哀，因此也就不会感受为问题，而是感受为喜悦，就是说他把问题感受为一个环绕着生活的光环，而不是一个阴暗的背景。

· 宗教的譬喻可以说是在深渊的边缘移动。例如，班杨的寓言。如果我们简单地补充："所有这些陷阱、沼泽、错误的转折，都是由道路之主种植的，怪物、盗贼、强盗也是由他创造的？"

毫无疑问，这不是譬喻的意义！但这个续写太明显了！对于许多人，包括对我来说，它会剥夺这个譬喻的力量。

· 在我们的谈话过程中，罗素经常会说："逻辑是地狱！"——这充分表达了我们在思考逻辑问题时所体验到的，即它们的巨大困难。它们的坚不可摧——它们坚硬且光滑的质地。我认为这种体验的主要原因是基于这样的事实：每种新的语言现象都可能显示我们早先的解释是不可行的。但这就是当苏格拉底试图给出一个概念的定义时，他曾经陷入的困境。一次又一次地出现这种状况，一个词的应用似乎不符合其引导我们得出的概念。我们说：但这不是这样的！——虽说它还是像这样！——我们可以做的只是不断重复这些对立。

· 语言游戏的起源和原始形式是一种反应，只有从这里可以成长出更复杂的形式。语言——我想说——它是一种提纯，"在开始时，语言是行为"。

· 克尔凯郭尔写道：如果基督教如此容易和舒适，上帝为什么会在他的《圣经》中移动天地，威胁给予永恒的惩罚。——问题：但为什么这《圣经》这么不清晰呢？如果我们想警告某人有一个可怕的危险，我们是否会给他一个谜语来提示，而谜语的答案也许是警告？——但是当我们说《圣经》真的不够清晰时，是否可能在这种情况下讲述一个谜语是必要的？另一方面，更直接的警告必然会产生错误的效果？上帝让四个人记述了耶稣的生命，每个人的记述都不尽相同，而且彼此矛盾——但我们是否能说：这种叙述本就不应该具有超过平庸历史的可信度，只是为了让这一点不被视为必要的、决定性的因素。所以，文字不应该超过应有的程度而被信仰，而精神却应该得到应得的重视。也就是说，你应该看到的东西即使通过最好的、最准确的历史学家也无法被传达，因此平庸的记录就足够了，甚至是更好的选择。因为这可以告诉你那些你应该被告知的东西。（粗略地说，一个平庸的舞台布景可能比一个精致复杂的舞台布景更好，画的树可以比真实的更好——因为这些会把观众的注意力从重要的东西上转移。）圣灵将必要的、对你的生活至关重要的东西，放到这些话之中。要点恰恰是，你需要看到的，即使在这个表述中也可以清楚地显示。（我不知道这一切离确切表达克尔凯郭尔的精神到底有多远。）

· 在宗教中，一定是对应于每一个虔诚程度，都有一种在较低层次上没有意义的表达形式。

· 你不能比你自己更真实地写你自己，这是写你自己和写外界事物的区别所在。你从你自己的高度来书写你自己，在这里你不能站在高跷或者梯子上，你只能赤足而立。

1938 年

· 没有什么比不欺骗自己更难。

· 朗费罗：

在古老的艺术中，

工匠以最大的努力精心锻造，

每一分钟，每一个不可见的部分，

因为神祇无所不在。

（这也许是我的座右铭。）

· 在哲学中，比赛的胜者是跑得最慢的人。或者说：最后到达终点的人。

· 如你所知，我希望你的写作交来许多好运。只要你坚持下去；如果可能，有时可以牺牲一致性。我的意思是说，如果你觉得你现在可以说一些东西，但不是在这个地方应该说的东西——你宁可去说这个东西，而不是坚持在"单一的轨道"上，却不能前进（也就是说，如果你能做到的话）。如果你不能跳跃，那就坚实地走，你仍旧有很好的机会达到你的目标。

1939—1940 年

· 忌妒是肤浅的——就是说：忌妒典型的色彩不会变得越来越深——而更深远的激情有着不同的色彩。（当然，这并没有使忌妒变得更加不真实。）

· 天才的标准是性格——即使仅仅性格自身不等价于天才。

天才不是"才能和性格"，但性格以特殊才能的形式表现出来。如果一个人通过跳入水中显示了勇气，另一个人将通过写交响乐来显示勇气。（这是一个脆弱的例子。）

天才并没有比任何其他诚实的人发出更多的光——但天才通过特定类型的透镜将光线集中到一点直到燃烧。

为什么灵魂被空虚的想法移动，难道它们不是空虚的吗？好吧，它被它们移动。（风如何移动一棵树，因为它毕竟只是风？好吧，它确实移动了它，不要忘记这一点。）

· 人不能谈论真理——如果一个人还没有征服自身。一个人不能谈论——但那不是因为这个人还不够聪明。

· 真理只能由已经在真实之中的人讲出来，不能由仍然生活在不真实之中的人来谈论，而从不真实之中只能设法伸向它。

·在以往的桂冠中休息和在雪地中徒步旅行时休息一样危险。你打了个瞌睡，就死在沉睡中。

·门德尔松的音乐缺乏什么？一种"有勇气"的旋律？

1940 年

・恐惧不是,但被征服了的恐惧是值得钦佩的、使人值得为之生活的东西。勇气,不是聪明,不是灵感,而是成长为一棵大树的种子。在一定程度上,有勇气之处存在着生与死之间的联系。(我在想拉博和门德尔松的管风琴乐曲。)但不是通过认识到别人对于勇气的需要,而是令你自己获得勇气。

・一个人也许会说:"天才是天赋的勇气。"

・设法被爱而不是被钦佩。

・永远不会有任何工作绝对地和完全地适合你(就像事先做好的衣服永远对某些人是不合身的)。我想说的意思是:请谨防游荡在工作之间的情况,但要感谢上帝,如果你找到了一个哪怕仅仅是有些适合你的工作。

・只有通过一个奇迹,你才能在哲学上从事得体的工作。

1941 年

- 我们最大的愚蠢也许是非常明智的。
- 当我们变老了,问题再次从我们的指缝间溜走,如同我们年轻时一样。我们不只是无法把它们掰开,我们甚至不能把它们握在手中。
- 科学家有着一种奇怪的态度——"我们还不知道,但它是可知的,那只是一个时间问题,直到我们知道它!"好像这根本不值一提。
- 不要需求太多,也不要害怕你的正当需求会融化成虚无。
- 戏剧中的人物引起我们的同情,他们就像我们认识的人,经常就像让我们爱或恨的人;《浮士德》第二部的人物却无法引起我们的同情,我们不觉得我们认识他们。他们好像思想一样在我们面前闪过,而不像是人类。

1942 年

·如果你已经拥有了某人的爱,为了它没有任何牺牲是不值得的,但是购买它让任何牺牲都变得不值得。

·你不能让种子离开大地。你只能给它温暖、水分和光,然后它必然成长。(你甚至不能触摸它,除非非常小心。)

·漂亮的东西不可能是美丽的。

1944 年

·平和的思想,这就是有些研究哲学的人渴望的目标。

·哲学家是这样一个人,他只有在解决了自身的许多理解的偏差之后,才能达到常识的概念。

·人们信仰宗教的程度,直到他们认为自己的不完美并没有那么多。

衣衫褴褛者应让他继续衣衫褴褛。

令我相信这种意义上的奇迹的唯一办法,就是以这种特殊的方式对一个发生的事件印象深刻。所以我应该说:"看到这些树木,而不觉得它们对这些词语产生了反应,是不可能的。"正如我可能会说:"看到这只狗的脸,而看不到它是如此警惕而且充分注意它的主人在做什么,是不可能的。"我可以想象,关于圣徒的话语和生活的单纯报告可以使某人相信树木鞠躬的报告,但我对此不是那么印象深刻。

当我回到家时,我期待着一个惊讶,但是那里没有惊讶,所以,当然地,我很惊讶。

·继续,相信!它没有害处。

"相信"意味着,顺从于一个权威。一旦顺从了,你就不能在没有反叛它的情况下对它产生质疑，然后再次发现它令人信服。

苦难的哭泣不可能大于一个人能遭受到的。

或者再没有任何苦难可能比一个人可能遭受的更大。因为一个人可以在无限的苦难中，所以需要无限的帮助。

整个地球也不能有比一个灵魂更大的苦难。

也可以如此说：人类之间的仇恨来自我们相互的切割。因为我们不想让任何人看到我们的内在，那不是漂亮的景象。

当然，你必须继续对你的内心感到羞耻，但不要为自己的内心展露在别人面前感到羞耻。

与一个人可以感觉到的相比，再没有更大的苦难。如果有人感觉他失去了自我，那就是终极的苦难。

1946 年

·人们越少知道和理解自身,他就越不那么伟大,即使他的天赋可能非常伟大。因为这个理由,我们的科学家不是那么伟大。因为这个理由,弗洛伊德、斯宾格勒、克劳斯、爱因斯坦不是那么伟大。

·所有的人都是伟大的人类吗?不——那么,你有什么希望成为一个伟大的人类!为什么这要被给予你,而不是给予你的同伴?为了什么目的?——如果不是你想要富有的愿望,让你认为你是富有的,那么必然是一些观察、一些经验,向你显示它的存在!你有什么经验(除了虚荣)显示你是伟大的?你只不过有一些才能。而我作为一个非凡之人的高傲,当然较之我的经验,比我的特殊才能,是一种更古老的存在。

·一个人很难正确地理解自己,你可能因为慷慨和善良而做某事,你也可能因为懦弱或冷漠而做同样的事。可以肯定的是,人们可以因为真爱而这样或那样作为,也会因为欺骗和冷酷的心而做出同样的事。相似地,不是所有的节制都是善的。只有当我被淹没在宗教中时,这些疑惑才会沉默。

·令人惊讶的是,我们多么难以相信某些事的真实性,如果我们自己没有看到它。例如，我听到几个世纪以来杰出人士对莎士比亚表示出的仰慕，我始终无法完全排除怀疑，觉得赞美他只是一个惯例，虽然我必须告诉自己事实并非如此。我需要一个米尔顿式的权威，来真正地说服我。于他而言，我认为他是不可能被腐蚀的。但是，当然我并不打算否认，有上千名文学教授因为体面的理由，在完全没有理解的情况下，对莎士比亚进行了大量的吹捧。

· 人类是人类灵魂最好的图像。

· 莎士比亚的比喻，在一般意义上，是坏的。所以，如果它们依旧是好的——而我不知道它们是或不是——它们必须是自己的法则。也许例如，它们的铃声让它们被人信服而且赋予它们真理。可能的情况是，莎①的关键在于他的毫不费力、他的任意性，所以如果你能够真正地敬佩他，你只需要接受他如他本身，以你接受大自然的方式，例如一片风景。如果这里我是对的，就意味着他的整个作品的风格，我的意思是，他全部的作品在这种情况下是必要的，并提供了正当的理由。

我不理解他就可以被这个事实解释：我不能轻松地阅读他，不能像一个人看到一片灿烂的风景。

· 你并不需要为了到达某处而去遥远之地旅行，你可以在自己家的后院里做到这一点。

· 如果生活变得难以忍受，我们就想要改善生活状况。但最重要和最有效的是对于我们自己态度的改进，这很难发生在我们身上，这个决定我们很难做出。

所有的智慧都是冷的，你不能倚靠它来使你的生活变得正

---

① 原文是莎士比亚首字母的缩写 S。

确，好比当铁是冷的时候，你无法锻造它。

智慧是无情的。相比之下，克尔凯郭尔把信仰称为激情。

·生活的根本的不安全性，你的视线中苦难无处不在。真的，愚人们微笑的脸可能让我们认为他们没有真正受苦，但他们也在受苦，只是受苦之处和更聪明的人不在同一个地方。像一个人可能说的，他们没有头痛，但和其他人同样地悲惨，毕竟不是所有的悲惨都会唤起相同的面部表情。一个高贵的人受苦时看起来会与我不同。

1947 年

·如果我写了一个好句子,而它们偶然地形成了押韵的两行,这将是一个瑕疵。

从托尔斯泰的艺术作品传达的"一种感觉"的错误理论中可以学到很多东西——而且你真的可能称为,如果不是一种感觉的表达,也是感觉的一种表达。而且你也可以这样说,那些理解它的人到了与它产生"共鸣",对它做出回应的程度。你可能会说:艺术作品除了自身,并不试图传达任何其他的东西。就好像,如果我去探访某人,我不只是希望在他身上产生这样和那样的感觉,最重要的是探访他,且我自然也想受到欢迎。艺术家希望自己写作时感觉到的,另一个人在阅读时也应该感觉到,而这确实是荒谬的。例如,想必我可以认为我理解了一首诗,以它作者所希望的方式理解了它——但是我根本不关心他在写作时可能感觉到了什么。

·正如我不能写韵文,我可以写的散文也只能到一定的节点,而无法再进一步。我的散文有着一个相当明确的极限,我无法超越它,正如我无法写一首诗。我只拥有这样的装备,它是我唯一可用的装备。就好像有些人的说法:在这个游戏中,我只能达到如此程度的完美，而不是那种程度的完美。

·尼采在某个地方（《人性的，太人性的》）写过，即使是最好的诗人和思想家也写过平庸的和坏的东西，而只是和好的分离开来。但并不完全是如此的。确实，除了玫瑰，园丁的花园里也有粪便和稻草，但它们不仅仅因为价值而被区分开来，也因为它们在花园里的功能。看起来似乎不好的句子可以是一个好句子的胚芽。

·品位不能创造一种新的有机体，只能修正已经存在的。品位松开或拧紧，都无法创造出一个新的原创作品。

品位可以修正，但无法分娩。

品位使东西被接收。

（因此，我认为，一个伟大的创作者不需要品位：孩子出生在世界上时已经有完好的结构。）精益求精有时是品位的工作，有时不是。我有品位。

创造力与最精致的品位毫无关系。

品位是敏感性的精致；但敏感性不会行动，它只是吸收。

我不能判断我是否只有品位，还是具有原创性。前者我可以看清楚，但后者我无法看清楚，或只是无法看得完全明晰。也许这必须如此，你只能看到你拥有什么，而不能看到你是什么。不撒谎的人是足够具有原创性的。毕竟，因为无论如何表述，值得被希冀的原创性，不能只是一个戏法或是一种特立独行。

事实上，不要想成为你无法成为的，你已经是一个良好的原创性的种子。

品位可以愉悦，但无法抓住。

・只是我无法建立一个学派，或者哲学家都永远不能这样做？我无法建立一个学派，因为我实际上不想被模仿。在任何情况下，不愿被那些在哲学期刊上发表文章的人模仿。

对于"命运"一词的使用。我们对未来和过去的态度，在多大程度上保证自己对未来负责？我们对未来有多少推测？我们如何思考过去和未来？如果发生不受欢迎的事情——我们是否会问"应该责怪谁？"我们是否会说"有人必须为此被责怪"？——或者我们会说"这是命运"吗？在提出问题、坚持获得答案或不提出问题的选择中，表达了不同的态度、不同的生活方式，在这个意义上，"我们无法掌控我们的命运"。这句话做了什么，或至少是类似的事情，一条诫命也可以做到。

要包括你给你自己的那一条。而一条相反的诫命，例如"不要抱怨！"可以像对真相的肯定那样被说出。现在为什么我很想分割出这些使用"陈述性句子"的方式？这是真的有必要吗？以前的人真的不能正确地理解他们想用句子做什么吗？这是学究气吗？——这只是一个尝试，设法看到每个用途都得到它应有的对待。也许这是对科学过高估计的一种反应。"科学"一词用于"一切可以不是无意义地说的话"已经背叛了这种过高估计。因为这在现实中将话语分为两类：好和坏，危险已经在其中了。它类似于将所有的动物、植物和岩石分成无害的和有害的。当然，看到"它们得到应有的"和"过高估计"这些词语表达了我的观点。我可以用另一种方式说："我想帮助这个和那个以获得尊重。"只是我的看法并非如此。

命运是自然法则的对立面。自然法则是你尝试去琢磨和利用的东西，命运不是。

对我来说在任何意义上,我都不清楚,我是希望其他人继续我的工作,还是改变我们的生活方式,使所有这些问题都变得多余。(因为这个原因,我永远不能建立一个学派。)

哲学家说"这样看事物"——但首先,这不是说人们将会这样看事物。其次,他的训诫可能已经来得太晚了,这也可能是这样的训诫什么也没有实现,而且那种改变感知事物方式的冲动可能必须来自另一个方向。

我觉得没有什么比这更不可能:一个科学家或数学家,读了我的著作,极大地被影响,以致改变了他的工作方式。(在这方面我的警告就像在英国火车站售票处张贴海报"你的旅程真的有必要吗?"难道有人读到它,会对自己说"我又想了一想,确实没有必要"?)这里需要相当不同的武器,远远超过了我能提供的。最可能的是,我仍然可以产生一些影响,一大堆的垃圾被写下来回应我的刺激,也许这些影响为刺激提供了一些好的东西。我应该永远只希望最间接的影响。

例如,没有什么比喋喋不休的历史书中的因果关系更愚蠢,没有什么是更误入歧途的,更半生不熟的。——但谁能通过说话让它停止?(这就好像我想通过谈话改变男人和女人的流行时尚。)

- "智慧是灰色的。"而另一方面生活和宗教充满了色彩。
- 不要让你自己对大概只有你在做的事感兴趣!
- 思绪缓慢地上升到表面,像气泡。

有时,你可以看到一个念头、一个想法,好像一个无法区分的点在遥远的地平线上,然后它经常以惊人的速度接近你。

- 生活就像是沿着山脊的一条小路,左右都是平滑的斜坡,你在这个或者那个方向滑动，而不能让自己停下来。我不断看到人们这样地滑落，我说："一个人如何能在这种情况下帮助自己！"这就是"否认自由意志"在这种"信念"中表达的态度。但它不是一个科学的信念，它与科学的信念无关。

否认责任是指不令任何人负责。

· 懂得太多的人很难不撒谎。

1948 年

・当思考哲学时,你必须下降到旧的混乱之中,并且觉得那里是你的家。

・席勒在一封信(我想是写给歌德)[①]写到一种"诗意的心情"。我想我知道他的意思,我觉得我自己对它很熟悉。如果一个人的思想看起来像自然本身一样生动,他便是怀有对自然接受的心情。但奇怪的是,席勒没有生产出任何更好的东西(至少在我看来),所以我还不能完全确信在这种情绪下的创作是有价值的。很有可能的是,在这样的场合给我的想法以光泽是它们从后面收到了光,但它们自己并不发光。

・在别人继续前进的同时,我仍然站在那里。

・我从来没有读过《爱的工作》。无论如何,克尔凯郭尔对我来说太过深刻了。他令我感到困惑,而不能造成那种他在更深刻的灵魂上可以达到良好的效果。

・巴赫说,他取得的一切都是努力的结果。但是,像这样的努力预先假定了谦逊和极大的忍受苦难的能力,然后就是力

---

① 《给歌德的信》,1795 年 12 月 17 日。

量。任何在此之上还可以完美表达自己的人，便是在用伟人的语言向我们讲述。

·我认为当前人类教育的目标在于减少忍受苦难的能力。现在如果让孩子们有一段好时光，那么这个学校就是好的。在过去这不是衡量学校好坏的尺度。父母希望孩子成为他们自己的样子（甚至更多），但他们给孩子一个与自己完全不同的教育。——忍受苦难的能力不能被高度地评价，因为不应该有任何人受苦，它们真的过时了。

"事物的恶意"——一个不必要的拟人化。我们可能会说世界是恶意的，很容易想象魔鬼创造了世界或其中的一部分。我们不需要想象恶魔干预了某些特定情况，一切都可能"按照自然规律"发生：只是整个计划从一开始就是邪恶的。但是，一个人在这个世界上存在，会遇到其他东西的破裂、滑过，并造成一切可能的伤害。当然，人是这些东西之一——对象的"恶意"是一个愚蠢的拟人化，因为事实比这个虚构更加深刻。

·宗教信仰和迷信是完全不同的。一个从恐惧中喷涌而出，是一种虚假的科学，另一个是一种信任。

·如果上帝真的选择了那些要得救的人，没有理由为何上帝不根据他们的民族、种族或性情选择。为什么选择不应该在自然规律中表达。（他当然也能够如此选择，选择遵循一个法则。）

我一直在阅读圣十字若望①作品的摘录，其中写道人类被毁灭，因为他们没有好运在正确的时刻找到一个明智的精神

---

① 圣十字若望，逸比氏的若望，1542—1591 年。

导师。

而你如何能说，上帝不做超越人自身能力的试探呢？我倾向于在这里说，那些歪曲的概念确实带来了很多的伤害，但事实是，我根本不知道，什么是好的，而什么是伤害。

•这个音乐短语是我的一个姿态，它爬进我的生活，我把它变成自己的一部分。

生活的无限变化是我们生活的重要组成部分，而且恰恰是生活习以为常的特征，人的表情对于我们来说是不可计算的。如果我精确地知道他会如何做鬼脸、如何运动，这里将没有面部表情，没有姿态。——但是真的如此吗？——我可以一遍又一遍地重新听一首我心中（完全的）熟悉的一首乐曲，它甚至可以只是在一个音乐盒上播放。对我而言，它的姿态仍然会是一种姿态，即使我一直知道下一步会发生什么。事实上，我甚至可能一次又一次地感到惊异。（在某种意义上。）

•诚实的思想家就像一个走钢丝的人，看起来好像他几乎是在空中行走，他的支持物是最难想象的细微的钢丝，但是确实可以在上面行走。

•一个伟大的建筑师在一个坏的时代（范德纽尔），比起一个伟大的建筑师在一个好的时代，有着完全不同的任务。你必须再次不让自己被通用术语欺骗，不要默认相容性，宁可默认不相容性。

•值得注意的是，博斯[①]的绘画经常被称为"形而上学的"。一种形而上学的绘画方式确实存在——一个人可能会这么说：

---

① 博斯，荷兰著名画家，代表作《人间乐园》。

"以永恒为背景看到。"无论如何，这些笔画只有在整个语言中才有这样的意义，而且它是一种没有语法的语言，你不能说它的规则是什么。

· 一个天赋比我超出许多的作家，仍然只不过有一点微不足道的天赋。

· 永远要从聪明的贫瘠高原下来，到愚蠢的绿色山谷。

· 我具有那些天赋中的一种，它可以不断地从必要性中创造美德。

传统不是任何人都可以拾取的东西，它不是一根线，可以被人在他喜欢的时候就随便拿起来，拾取传统就好像设法选择你自己的祖先。任何没有传统，但想要拥有它的人，就像一个不快乐的情人。

快乐的情人和不快乐的情人都有他们独特的感伤。但是相对于快乐的情人来说，作为一个不快乐的情人更难表现良好。

· 摩尔用他的悖论戳穿了一个哲学的马蜂窝，然而如果马蜂没有适时地飞出来的话，那只是因为它们太颓丧了。

· 人类最大的幸福就是爱。假设你精神分裂地说：他不爱，他不能爱，他拒绝爱——差异在何处呢？

"他拒绝……"意味着：这在他的能力范围之内。然而，谁会想说拒绝爱呢？

那么，在什么情况下我们会说"在他的能力范围之内"？——我们会在想要做出某种区分的情况下说这样的话。我可以举起这个重物，但我不去举它，那个重物我举不起来。

"他受到惩罚，虽然我们不能以任何其他方式行事。"——也许，虽然一个人可能会说：这里有惩罚，当人类是不被允许的。整个"惩罚"的概念在这里改变了。因为旧的描绘不再适用，或者现在必须在一种相当不同的方式下被应用。只要看看一个像约翰·班扬《天路历程》那样的寓言，可以看到没有任何东西——在人的意义中——是对的。——但是无论如何这还是对的？就是它无法被应用？事实上，它已被应用了。（在火车站有两只指针，它们指示下一班火车离开的时间，它们看起来像时钟，却不是，但它们有着一种应用。）（这里应该能有一个更好的对比。）

对于这个寓言感到烦恼的那些人，我们可能会说：用不同的方式应用它，或者不要理会它！（但和受到的帮助相比，有些人会感觉到更加巨大的困惑。）

·任何读者可以为自己做的，把它留给自己。

·野心是思想的死亡。

·幽默不是一种心情，而是一种看待世界的方式。因此，如果说幽默在德国被根除了是正确的，那并不意味着人们不开心或者任何类似的东西，而是某种更深刻、更重要的东西。

1949 年

·有些言语播种，有些言语收获。

·实际上有一种情况是，比起用言语表达出来的，人们在心里更清楚地知道自己想说的话。（这经常发生在我身上。）就像一个人很清楚地记得一个梦，但是无法给出一个很好的描述。事实上，图像经常停留在作者（我）的话背后，它们似乎在向我描述它。

一个平庸的作家必须警惕过于迅速地用一个正确的表达来取代一个粗糙的、不正确的表达。通过这样做，他抹杀了最初的想法，那至少仍旧是一个活着的幼苗。现在它变成了枯燥、不再有价值的东西。他现在最好把它扔在垃圾堆上，而那可怜的幼苗本来还有一定的用处。

·那些曾经是些什么的作家会变得过时，和这一事实有着关联：当他们的作品有当时的年代背景作为补充的时候，它们对人们有着强烈的感染力，但当这种补充消失时，就好像失去了光线带给它们的色彩，它们死亡了。我相信，帕斯卡体验过的那种数学证明的美丽与这一点有关。在这种看待世界的方式中，那些证明确实美丽——但不是那种肤浅的人称为的美丽。

水晶也不是在每一个"背景"下都是美丽的——虽然或许在任何地方都是具有吸引力的。

这种方式：整个时代都不能使自己摆脱某些概念的束缚——例如，"美丽的"和"美"的概念。

· 我自己对艺术和价值的思考比一百年前的人们所能够做到的更加令人感觉幻灭。然而，这并不意味着它是正确的。这只意味着我头脑中最显著的位置有一些衰退的例子，而这些在百年前人们的头脑中是不那么显著的。

· 这时哲学家应该如此向彼此致敬："不要着急，慢慢来！"

· 对于哲学家来说，愚蠢的山谷比聪明的贫瘠高原生长着更多的青草。

· 追叙一个梦，一种回忆的混合体，通常形成一个重要而神秘的整体。因为它是一个对我们造成强大印象（有时如此）的片段，所以我们会为关联寻找一个解释。

但是为什么这些回忆现在来了呢？谁将会说？——它可能与我们现在的生活息息相关，也与我们的愿望、恐惧等相关。"但是你是说这种现象必然存在于特定的因果关系中？"——我的意思是，我们所说的发现了它的原因并不一定是有意义的。

莎士比亚与梦。一个梦是错误的、荒谬的、复合的，但仍然是完全正确的：在这个奇怪的混合中，它产生了一种印象。为什么？我不知道。如果莎士比亚是伟大的，就像他被公认的那样，那么我们一定能够如此评论他：一切都错了，事情不是这样的——然而同时根据它自己的法则又是完全正确的。也可以这样说：如果莎士比亚是伟大的，那么他只有在他戏剧的整体之中如此，在其中他创造了自己的语言和世界，所以他是完全不现实的。（就像梦一样。）

假设有人被教导：有一个存在，如果你做这些和那些事，以这样那样的方式生活，在你死后将会把你带到一个受永恒折磨的地方；大多数人最终会在那里，少数几个可以到一个永恒快乐的地方——这个存在提前挑选了那些要到好地方的人；而且，因为只有那些曾经有过某种生活的人才能到达受永恒折磨的地方，他还提前挑出了那些将领导这种生活的人。这种教义的效果可能是什么呢？

在这里并没有提到惩罚，反而宁可说是一种自然法则。任何一个被显示在这样一种光之中的人，只能从中得到绝望或怀疑。

这种教导不可能是一种道德练习。如果你想训练任何人的道德，却如此教导他，你必须在道德练习之后再教导他这种教义，并且将其表示为一种不可理解的奥秘。

· 在贝多芬的音乐中，第一次出现了人们可以称为讽刺的表达。例如，在第九交响曲第一乐章。而且，对他来说，这是一个也许和命运相关的可怕的讽刺。——在瓦格纳之中讽刺再次出现，但变成了一些布尔乔亚的东西。你毫无疑问可以说，瓦格纳和勃拉姆斯，每个人都在以自己的方式模仿贝多芬，但是对贝多芬来说是宇宙的地方，对他们来说就成了大地。在贝多芬的世界里也有同样的表达方式，但是他们遵循不同的法则。

在莫扎特或海顿的音乐中，命运却不起任何作用，那不是此类音乐关注的。那个蠢驴托维在某个地方说过，或者说过类似的，这和莫扎特没有接触过某种类型的文学有关。假设它是成立的，那么只有依靠书籍才使大师的音乐成为现在的样子。当然，书和音乐是相互关联的。但如果莫扎特在他的阅读中没有发现伟大的悲剧，这是否意味着他在他的生活中也没有发现它？而且作曲家历来只能通过诗人的眼睛观看吗？

・上帝的本质被称为保证他的存在——真正的意思是，这里的问题不是关于有些东西的存在。

为什么不能同样地说，颜色的本质保证它的存在？相反地，对白色大象说同样的话。因为它真的只意味着：如果没有颜色样品的帮助，我就无法解释什么是"颜色"，"颜色"这个词的意思是什么。所以在这种情况下，对于"如果颜色存在，那会是什么样的"的解释是不存在的。

在这种情况下，在字典中可能会想要给出这种使用的描述，但在现实中，人们只给出了一些例子和解释，而且比这些更多的描述并不必要。一个非常长的描述对我们有什么用处？——嗯，如果这是我们已经非常熟悉的单词的使用，那将是没有用的。但是，如果我们遇到一个亚述词语的话，关于它的描述呢？用什么语言？让我们用我们已经知道的另一种语言——在这个描述中，"有时"一词经常出现，或"经常"或"通常"，或"几乎总是"或"几乎从不"。

这种描述很难形成一幅好的图像。

我毕竟基本上还是一个画家，而且经常是一个非常糟糕的画家。

·牢牢植根于我们内心的图像确实也可以与迷信相比较，但也可以说，我们总是必须达到某种坚定的基础，无论是一个图像，或者不是，因此，我们思维最根源处的那个图像应该受到尊重，而不被视为迷信。

1950 年

· 哲学没有取得任何进展——如果有人挠痒，我们必须看到进步吗？那难道不是真正的挠，或者真正的痒？而且这种对不适的反应不太可能持续很长时间，直到发现了瘙痒的治愈方法。

· 我不认为莎士比亚可以和任何其他诗人归在一处。他也许是一个语言的创造者，而不是诗人？

我只能充满惊奇地盯着莎士比亚，从来无法对他做任何事情。

我对莎士比亚的大多数崇拜者深感怀疑。我想问题在于，至少在西方文化中他是孤单的，因此，把他放在任何位置都是错误的。这并不是说莎士比亚很好地描绘了人性，并在这种意义上忠实于生活，他并不忠实于生活。但他有一双如此柔软的手和如此富有个人风格的笔锋，这让他的每个角色看起来都很有意义，值得去观看。

有人说"贝多芬的伟大心灵"——却没有人说"莎士比亚的伟大心灵"。而"那双柔软的手创造了具有崭新自然形式的语言"，在我看来是一个更接近的标志。

诗人不能真正地说自己"我像鸟一样歌唱"——但也许莎士比亚可以如此说。

·我不认为莎士比亚可以反映在"很多的诗人"中。

他也不能把自己当作人类的先知或教师。人们几乎是以面对自然奇观的惊愕来看待他,他们并没有与一个伟大的人类接触的感觉,而是和一种现象接触。

我认为,要想享受一个诗人,你必须喜欢他所属的文化。如果你对此漠不关心或者被它拒绝,你的仰慕就会冷却下来。

·我不能理解莎士比亚的原因是我想找到所有这些不对称性之中的对称性。

在我看来,似乎他的作品,就像是巨大的草图,而不是油画。我理解有人可能会崇拜这个,称为至高无上的艺术,但我不喜欢它——所以我可以理解那些站在这些篇章之前无语的人,但有些人敬慕他就好像敬慕贝多芬,这么说,似乎是我误解了莎士比亚。

附录一　维特根斯坦的书单

如果读者希望进一步了解维特根斯坦的思想，可以阅读他的原作。本书选译了三本维特根斯坦的著作，即《文化与价值》《逻辑哲学论》《哲学研究》，有兴趣的读者可以去读原著。还有一本篇幅不长的《论确定性》没有涉及，也推荐读者去进一步阅读。如果想进一步了解维特根斯坦的生平，《天才之为责任》是很好的一本维特根斯坦传记。

魏宁格的《性与性格》与《最后的事情》、托尔斯泰的《福音书简要》和《伊凡·伊里奇之死》、泰戈尔的《暗室之王》，对于更深刻地理解维特根斯坦会有很大帮助，我会在之后逐一详细介绍。除此之外，陀思妥耶夫斯基的《卡拉马佐夫兄弟》、奥古斯丁的《忏悔录》、弗雷格的《算术原理》、罗素和怀特海合著的《数学基础》、叔本华的《作为意志和表象的世界》、斯宾格勒的《西方的没落》也都对维特根斯坦有着重要的影响。

我认为在我的想法中这有一定程度是真的，即我的思想其实只是复制的。我认为我从来没有发明过任何一条想法，它总是由别人提供给我的，而我只是为我的澄清工作热情地接受了它们。这就是玻尔兹曼、赫兹、叔本华、弗雷格、罗素、克劳兹、鲁斯、魏宁格、斯宾格勒、斯拉法对我的影响。①

在文学方面,维特根斯坦对于歌德和海涅的作品表示出了理解和尊敬,但是对于莎士比亚他总是保有不解的困惑,不懂得为什么莎士比亚可以称为是伟大的。维特根斯坦对于卡夫卡的评论也很有趣,《天才之为责任》中有这样一段话:"那时安斯康姆是卡夫卡的热情崇拜者,为了分享这热情,她把卡夫卡的一些小说借给维特根斯坦读。'这个人,'维特根斯坦还书时说,'因为不写自己的麻烦而给自己惹了很多麻烦。'作为对照,他推荐魏宁格的《最后的事情》和《性与性格》。维特根斯坦说,无论魏宁格有什么毛病,他是真正地写了自己的麻烦的人。"② 维特根斯坦认为"事物就在我们眼前,没有被面纱覆盖——这是宗教与艺术分手之处"。这大概也是他和卡夫卡的不同之处。

最后要专门提一下维特根斯坦非常喜欢阅读侦探推理小说,这是他阅读最多的东西,他在一封信中和朋友开玩笑说,现在他在看很多书,不是光读侦探小说了。他阅读最多的是美国硬派侦探小说,还会让人帮忙从美国邮寄侦探小说杂志到英国。

《性与性格》

魏宁格的《性与性格》对维特根斯坦思想的形成起了很重

---

① 《文化与价值》中"1931年笔记"。
② 瑞·蒙克.维特根斯坦传——天才之于责任[M].王宇光,等,译.杭州:浙江大学出版社,2011.

要的作用。我们在阅读《性与性格》时可以把书中的男性和女性替换成A性和B性，每个人不管他或她的生物性别是男是女，其实都可以具有A性或者B性，这样才能真正地看到魏宁格思想的闪光之处。

魏宁格是一个非常严肃的年轻人。魏宁格从和朋友讨论困难的哲学问题中得到最大的乐趣。他的朋友赫尔曼·斯沃博达写道："在我们经常见面的小聚会上，他不知疲倦地抛出一个又一个问题，经常持续到深夜甚至第二天黎明。别人会打着冷颤离开的抽象领域，是他真正的家园。简而言之，他是一个充满激情的思想者，一个思想者的原型。"

魏宁格不读报纸，对时事不感兴趣。他的另一个朋友埃米尔·卢卡说，虽然魏宁格从大自然和伟大的作曲家那里得到乐趣，但快乐不是他的天性。但是赫尔曼·斯沃布达说，起初他是快乐的，但是到后来他的性情起了变化。

1901年秋天，魏宁格请弗洛伊德看了他《性与性格》的手稿，但是弗洛伊德拒绝推荐这本书，他建议魏宁格再用"十年"来搜集经验证据，弗洛伊德说："这个世界想要证据，而不是思想。"魏宁格反驳说，他宁愿用十年再写十本书。魏宁格有一次对斯沃博达说："我怎么可能证明事实，事实只能被表示出来。"这句话中已经有了维特根斯坦"显示"概念的影子。

弗洛伊德不喜欢魏宁格的理论，但是一直承认他的才能。在魏宁格自杀之后，弗洛伊德如此描述他："修长，成熟的青年，在他眼中有着庄重且含蓄，几乎是美丽的神采，我不禁觉得我面前站着一个触摸到天才的人。"

在《性与性格》一书付印之后不久，魏宁格对一个朋友说："对于我来说有三种可能性，绞架、自杀或者一个我不敢想象的光明未来。"那年10月4日，魏宁格在贝多芬去世的那所住宅里开枪自杀，他当时年仅23岁。他的父亲在魏宁格的墓碑上写道："此石碑下躺着一个在世上不曾寻获内心平静的男孩，当其将自己心灵的启示传授之后，在世上已找不到适合的地方。他不停向有着最伟大思想的死亡国度探寻，最后在一个逝去伟人的屋子里停了下来，结束了凡间肉体的延续。"

维特根斯坦在维也纳长大，他的青春期正好与魏宁格思想处于高潮的时代相吻合。他在1931年的私人笔记中，指出魏宁格是他的思想来源之一。维特根斯坦热情地向同伴推荐《性和性格》。当哲学家摩尔做出批评性的反应时，维特根斯坦回应说："我可以想象，你不会非常欣赏魏宁格，那么糟糕的翻译以及这个魏宁格一定让你感到非常陌生。他确实是梦幻的，但他是伟大而梦幻的。我们不必要甚至不可能同意他的观点，但那种伟大就处于我们的不同意之中。伟大的正是他的巨大错误。意即，粗略地说，如果你只是为整本书中添加一个否定符号，它就说出了一个重要的真理。"

最后，让我们用魏宁格自己的一句话来描述他用生命去追求的崇高价值：

人类的意志不是被快乐驱动的；它的驱动力——一种被他人和我称为价值的东西，生命、或存在、或现实。快乐是和这种价值绑在一起的，而且从来不能直接被得到，快乐只能通过价值来获取。①

这是一本值得一读的书,只是需要不被它激怒地阅读。

托尔斯泰《福音书简要》与《伊凡·伊里奇之死》

托尔斯泰的经历和维特根斯坦有着相似之处,托尔斯泰出身于贵族家庭,而维特根斯坦则是富豪。他们都有过濒临自杀的经历,然后都被宗教拯救。托尔斯泰的那段经历在他的《忏悔录》里有着详尽的叙述。

托尔斯泰编著的《福音书》是维特根斯坦在"二战"时一直随身携带的一本书籍。这本书对维特根斯坦宗教思想的形成起了重要的作用。

《伊凡·伊里奇之死》是托尔斯泰写出的一部杰作,它也被维特根斯坦推崇备至。这本书篇幅不长,只是一个中篇,但是法国著名作家莫泊桑读过后所说的话足以说明这部小说的分量:"我看到,我的全部创作活动都算不上什么,我的整整十卷作品分文不值。"

和维特根斯坦的某些笔记对照,可以看出《伊凡·伊里奇之死》这部杰作对他有着极深的影响。它从艺术的角度诠释了维特根斯坦从哲学上试图说明的观点,或者说维特根斯坦试图用逻辑、哲学、生活来描述伊凡·伊里奇最后看到的光。

---

① 魏宁格. 最后的事情[M]. 温仁百,译. 上海:译林出版社,2014.

《暗室之王》

《暗室之王》是泰戈尔的一出诗剧,讲述了一个神秘的国王,从来没有人曾经见过他的模样。即使是他的王后苏达沙那,也只能在一个暗室之中和他相会。王后的侍女苏任加玛却见过国王。这部诗剧维特根斯坦第一次阅读的时候没有太好的感觉,但是重读之后却非常喜欢,还和朋友一起试图重新把它翻译成英文。

附录二　爱与自由

维特根斯坦和罗素有一段对话，非常奇特而令人难解：

当20世纪20年代罗素想建立一个"世界和平自由组织"时，维特根斯坦严厉地斥责他。结果罗素对他说："嗯，我猜想你宁可建立一个世界战争奴役组织。"对此，维特根斯坦强烈地表示同意："是的，宁可那样，宁可那样。"

（《天才之为责任》第215页）

没有人知道维特根斯坦当时只是激动地反讽，还是有着更深的含义。但是维特根斯坦一生与所有政治或宗教组织都保持着距离，无论那个组织的宗旨是如何崇高。他唯一专注的是自身的思考和生活。

一个人专注于自己的思考和生活是否过于自私呢？我们是否更应该像罗素那样，为了民众的和平与自由而奋斗？是否在为了一个更崇高的目标奋斗的过程中，我们才能放弃小我，真正地理解生活？

但是，当一个人无法确定自己生活的意义时，他如何可以帮助别人？当我们帮助一个身处苦难中的人，让他可以更舒适地生活时，我们如何可以确定这是一件有意义的事？当很多没有生活意义的人相互帮助时，他们的生活就忽然都有了意义吗？难道没有意义的人生组合在一起，不是依然毫无意义？那些慈善和救济的举动是否仅仅让我们可以不去想自己无意义的生活？维特根斯坦对于罗素的指责也许恰恰在于他认为罗素放弃了真正严肃的思考，而在"世界和平自由组织"这种肤浅的事情上浪费自己的生命。

从某种意义上说，每个人都不可能真正地帮助他人，只能在自己的生活中救赎自己。这是因为每个人只能在自己的生活中得到自己的显现，但无法和他人交流显现的意义。因此，每个人无法把自己生活里得到的显现说出来，这种显现对于他人也未必有着同等的意义。所以在最关键的问题上，我们无法帮助他人。而且，我们还需要面对一个唯我论的问题，既然世界和生活的意义只对我显现，甚至世界只是我的世界与生活，那么我有什么理由认为他人与我是相似而平等的？我凭什么认为他人的生活和我的生活一样也有着同等的意义？我理性地思考一下，确实没有理由，世界可以被唯我论完全地解释，世界可以只为我一个人存在，相信或者不相信他人存在的意义，对我有什么区别呢？如果选择不相信的话，我的思考行事是不是反而可以更专注、更少束缚？萨特说，"他人即地狱"，我们为什么要相信地狱存在的意义？

很多在理性中纠结矛盾的问题，一旦放弃言说回归生活，就变得异常简单。想一想你真心爱着的人，想一想你的父母、妻儿、朋友、恋人，你会选择相信还是不相信他们的生活和你一样具有意义呢？爱是这种相信的坚实基础。专注于自身的思考和生活，并不代表没有爱，或者爱不重要。任何人都需要爱，而且比得到爱更加需要的是付出爱。因为付出爱的背后是对生活的热爱，这是生活最根本的需要。

爱是相信他人如我，爱令他人也拥有自己的世界。因此，爱不是去帮助、救济与教导，那是把他人贬低在我之下。爱是相信他人也拥有和我完全平等但并不相同的世界，相信每个人的世界都有它存在的绝对意义。爱是不去干涉他人的生活，是"自己生活，也让别人生活"。

当我们谈论爱，我们谈论的是一种已然不再是爱的东西。爱神秘不可言说。在爱之中不需要逻辑：爱的反面仍然是爱，爱消失之处依旧充满了爱。"如果不把永恒理解为无限的时间延续，而是无时间性，那么活在此刻的，也就永远活着。"同样，爱在此刻的，也就永远爱着。

无论是在科学或者逻辑之中，都没有自由存在。在科学中，自由被自然规律束缚；在逻辑的领域中，从来只有必然性，也不可能有自由。

没有自由的爱有什么益处呢？一切如是发生，我只能爱或不爱，没有了生活。

当我们忘记科学、逻辑等等，一心一意生活时，我们确知自己是自由的。但是当我们想要谈论自由，甚至解释我们如何可以有自由的时候，自由就消失了，我们成为了自然规律、必然性或者神的奴隶。

自由只存在于不可言说之处；自由只存在于逻辑之外；自由只存在于没有神明的地方。

语言、逻辑和神明都消失的时候，自由才开始显现。

世界即生活，生活即世界，生活里的必需之物必然是世界的一部分。找到自己确信不存在却又是自己生活所必需的东西，依据它去生活。信仰是相信生活,而不是相信自己、他人或神的言语。

一个人寻找,一个人确认,是最好的自由。

爱使他人存在,他人成为束缚我自由的绳索。爱越多,束缚就越紧。自由被爱束缚。

在不可言说之处爱与自由融为一体,爱成为自由的界限。

爱与自由只在生活中显现自身。

参考文献

[1] Wittgenstein, L., Tractatus Logico-Philosophicus, Ed.C.K.Ogden（Kegan Paul, 1922）.

[2] Wittgenstein, L., Tractatus Logico-Philosophicus, Ed.D.F.Pears and B.F.McGuinness（Routledge, 1961）.

[3] Wittgenstein, L., Philosophical Investigations, Ed.G.E.M.Anscombe and R.Rhees（Blackwell, 1953）.

[4] Wittgenstein, L., Culture and Value, Ed.G.H.von Wright（Blackwell, 1980）.

[5] Wittgenstein, L., The Collected Works of Ludwig Wittgenstein, Ed.G.E.M.Anscombe, G.H.von Wright, Rush Rhees, Heikki Nyman（Intelex, 1998）.

[6] Wittgenstein, L., On Uncertainty, Edited by G.E.M.Anscombe and G.H.von Wright（Blackwell, 1969）.

[7] Wittgenstein, L.and others, Wittgenstein in Cambridge:Letters and Documents 1911-1951, Ed.Brian McGuinness（Blackwell, 2008）.

[8] Malcolm, N., Ludwig Wittgenstein:A Memoir（Oxford University Press, 1958）.

[9] Moore, G.E., "Certainty", in Philosophical Papers（Allen & Unwin, 1959）.

[10] Tolstoy, L., "The Gospel in Brief", in A Confession, etc.(World's Classics, 1940).

[11] 维特根斯坦.逻辑哲学论[M].郭英,译.北京:商务印书馆,1985.

[12] 维特根斯坦.哲学研究[M].李步楼,译.北京:商务印书馆,2012.

[13] 维特根斯坦.维特根斯坦笔记[M].许志强,译.上海:复旦大学出版社,2008.

[14] 维特根斯坦.文化和价值[M].黄正东,唐少杰,译.北京:清华大学出版社,1987.

[15] 维特根斯坦.战时笔记[M].韩林合,编译.北京:商务印书馆,2005.

[16] 涂纪亮.维特根斯坦全集[M].涂纪亮,等,译.石家庄:河北教育出版社,2003.

[17] 鲍斯玛.维特根斯坦谈话录[M].刘云卿,译.桂林:漓江出版社,2012.

[18] 维特根斯坦.关于心理学哲学的最后著作[M].涂纪亮,译.北京:北京大学出版社,2012.

[19] 维特根斯坦.维特根斯坦读本[M].陈嘉映,编译.北京:新世界出版社,2009.

[20] 瑞·蒙克.维特根斯坦传——天才之于责任[M].王宇光,译.杭州:浙江大学出版社,2011.

[21] 恰尔德.维特根斯坦[M].陈常燊,译.北京:华夏出版社,2012.

[22] 马尔康姆.回忆维特根斯坦[M].李步楼,贺绍甲,译.北

京：商务印书馆，1984.

[23] 弗雷泽. 金枝——巫术与宗教之研究 [M]. 徐育新，等，译. 北京：大众文艺出版社，1998.

[24] 魏宁格. 性与性格 [M]. 肖聿，译. 北京：中国社会科学出版社，2006.

[25] 魏宁格. 最后的事情 [M]. 温仁百，译. 南京：译林出版社，2014.

[26] 弗雷格. 算术基础 [M]. 王路，译. 北京：商务印书馆，1998.

[27] 茨威格. 昨日的世界——一个欧洲人的回忆 [M]. 舒昌善，等，译. 桂林：广西师范大学出版社，2004.

[28] 圣奥古斯丁. 忏悔录 [M]. 周士良，译. 北京：商务印书馆，1963.

[29] 叔本华. 作为意志和表象的世界 [M]. 石冲白，译. 北京：商务印书馆，1982.

[30] 斯宾格勒. 西方的没落 [M]. 张兰平，译. 西安：陕西师范大学出版社，2008.

后记

有一次海德格尔上课讲到亚里士多德的哲学，依照惯例要先介绍亚里士多德的生平，海德格尔却只说了一句话："亚里士多德出生，工作，死去。"然后就说我们可以开始讲授亚里士多德的思想了。无独有偶，斯宾诺莎也曾经说过："想了解欧几里得的几何学，无须了解他的生活。这同样适合于那些在本性上是明白的事物方面从事著述的人。"这些言论代表了一种观念：一个人的生活不如他的思想那么重要，尤其是对于哲学家来说。因为普遍的观点认为，哲学家的不朽在于他的思想而不在于他的生活。而在现实中我们也确实记住了那些有着伟大思想的人，即使他们的生活也许不那么美好。

但是哲学一直有着一个致命的弱点，就是缺乏一个客观的标准，而客观标准的缺乏也导致了哲学一直给人没有进展的感觉。

我读到："哲学家们没有比柏拉图更接近'现实'的意义……"这是多么奇特的一种情况。如此奇特的是，柏拉图已经能够做到如他已经做到的如此之多！或者我们在之后怎么会一点进步也没有！这是因为柏拉图是如此的聪明吗？（《文化与价值》，1931 年 8 月 24 日）

维特根斯坦认为这个现象是因为我们的语言一直保持不变，而语言一直诱惑着我们去问同样的无意义的问题，而这些问题其实无法用语言有意义地回答。

我们总是听到"哲学其实没有进步"这种说法，我们今天研究的哲学问题和古希腊人并无二致，然而那些说这种话的人不明白为何如此。这是因为我们的语言一直保持不变，持续地诱惑我们去问同样的问题。（《文化与价值》，1931年8月24日）

在维特根斯坦对哲学的澄清中，无论再精妙的哲学思想也只是一种对语言误用而产生的废话，反而生活才是一个人全部的世界。任何哲学思想只有在作为生活一部分的时候，才是真正有生命力的东西。而对于这种思想的继承，文字只是一个载体，实际上依靠的是每一个传递者重复那个原始的体验，而阅读只是一种对自身体验的确认。同样，我们也不能把维特根斯坦的思想剥离他的生活，只有把二者作为一个整体来考察才能理解其中的意义。对维特根斯坦的评价中，很多人把他视为天才，或者至少是一个富有独创性的哲学家，其实在天才、哲学家等这些标签的背后，他首先是一个在生活中有勇气的灵魂。天才并不是天生的才能，而是天赋的勇气，而有勇气的生活并不是没有恐惧，而是征服了恐惧。

恐惧不是，但被征服了的恐惧是值得钦佩的、使人值得为之生活的东西。勇气，不是聪明，也不是灵感，它是成长为一

棵大树的种子。在一定程度上，有勇气之处存在着生与死之间的联系。（《文化与价值》，1940年2月4日）

　　维特根斯坦的勇气体现在他的抉择，他志愿参加"一战"、放弃全部财产、去当小学老师、辞去剑桥教授职位，这些都是勇气的体现。但是勇气也体现在他对逻辑的思考、对自己行为的忏悔、在爱与性欲之间的挣扎，这些似乎更普通的举动中蕴藏着一种更持久的勇气。生活中最需要的勇气不是一时的冲动，而是持久的坚持。
　　相比其他很多伟大的哲学家，维特根斯坦的才能并不是最突出的，但是他绝对是最有勇气的一个，尤其是改变自己生活方式的勇气，在其中有着一种特别的真诚。当我们阅读维特根斯坦的时候，可能无法理解他思想的深刻，也无法学会他具有独创性的思维方式，但是每一个人都应该可以感受到他非凡的勇气。作为平凡甚至平庸的存在，我们无法期望自己能够拥有维特根斯坦的才能、际遇或者财富，那些都是命运的一部分，面对命运，我们除了接受别无他法。但是，勇气对于每一个人都是平等的，无论命运的安排如何，每个人面对命运都可以做出一个充满勇气的选择。没有人可以选择自己的命运，但是每个人都可以为自己的生活注入非凡的勇气。